LES SONNETTES, OU MEMOIRES DU MARQUIS D**.

NOUVELLE EDITION

Corrigée & augmentée de Piéces neuves & intéressantes, avec de jolies figures en Taille-douce.

PREMIERE PARTIE.

A BERG-OP-ZOOM.
Chez F. DE RICHEBOURG.

1751.

AVIS
DE L'EDITEUR.

COmme ce petit Ouvrage eſt rempli d'agréables folies, qu'on pourroit aiſément appeller débauches d'eſprit : j'ai crû devoir le faire précéder en cette ſeconde édition, d'une Lettre qui, à l'imitation d'Eraſme, fit l'éloge des délaſſemens des honnêtes-Gens ; même des plus ſérieux.

A

MONSIEUR LE D* D*,

Qui a inventé la maniére de poser les Sonnettes, &c.

ONSIEUR,

Ce n'est ni l'Intérêt, ni la Flatterie qui vous dédie

cet Ouvrage, je ne vous connois que par l'ingénieuse Enseigne, qui vous a acquis une réputation si brillante, & si bien méritée. Toute l'Europe rétentit de votre nom, autant que de vos Sonnettes : l'Art de les placer vous doit sa perfection; par la force de votre génie, jointe à un grand nombre d'expériences, vous êtes venu à bout de les poser dans le lieu le plus difficile. Si je ne craignois de blesser votre modestie, je m'étendrois sur l'utilité de votre talent ; je ne parlerois pas seulement des malades &

des pareſſeux, à qui vos Sonnettes apportent tant de ſoulagement; je m'attacherois ſurtout aux avantages qu'en retirent nos Dames, ſoit pour ſe défaire d'un Amant importun, ſoit pour feindre de réſiſter aux entrepriſes d'un Amant chéri. Mais il eſt rare que vos Sonnettes ſervent pour le premier cas; on ſçait à quoi s'en tenir ſur cette façon de parler : Finiſſez donc; je vais ſonner.

Je vous dois en mon particulier, Monſieur, une éternelle reconnoiſſance: J'ai profité de votre idée; mes

Sonnettes ſont votre bien, il eſt juſte que je vous en rende un hommage public.

J'ai l'honneur d'être,

MONSIEUR,

Votre très-humble
& très-obéiſſant
Serviteur D***.

QU'ON déclame tant que l'on voudra contre les Préfaces, l'usage en subsiste; il en est comme des préjugés toujours combattus, & toujours suivis.

Celui-là même qui hait les Préfaces, en fait une, quand il dit qu'il n'en veut point faire.

Il me semble que les esprits, comme les sens, veulent être préparés. Retranchons de l'Architecture, les Vestibules & les Portiques; détruisons les Avenues de ce Château superbe; ôtons à la Musique & à l'Amour ces préludes charmans, qui valent souvent mieux que ce qui les suit; n'aurons-nous pas perdu de nos plaisirs?

Les Préfaces, dites-vous, sont ennuyeuses; c'est que peu de Livres n'en ont pas, & que peu de Livres sont bons.

S'il est vrai que Montagne ait plû, en nous donnant l'histoire de son cœur; s'il est constant que la plûpart des Ecrivains se soient peints dans leurs Ouvrages, pourquoi me refuserois-je ici la satisfaction de dire que j'ai ſuivi en ce point mes Maîtres & mes modéles ? Le ſentiment a conduit ma plume ; c'eſt lui qui m'a guidé, tantôt dans des routes fleuries, tantôt dans des endroits propres à rêver ; c'eſt lui qui eſt dans le cœur de mes Lecteurs, & qui me raſſure contre les fautes que j'ai pû faire.

LETTRE

LETTRE SUR LA FOLIE,

A MONSIEUR LE MARQUIS D T***

Humani generis mater nutrixque profectò ſtultitia eſt, ſine quâ mortalia cuncta perirent nihilque agerent homines in terris.

Marc. Paling. in Virg.

Vous voulés donc, Monſieur, que je vous marque mon ſentiment ſur la Folie. Es-ce pour m'éprouver? doutés-vous de ma façon de penser? croyés-vous que je n'oserai point mettre au jour, toutes celles que je débitai derniérement, pour soutenir la proposition que j'avançai à son avantage? je suis trop convaincu que la Folie nous fait goûter une félicité plus pure que la sagesse, pour me rétracter: je ne sçais point varier, j'ai trop d'obligations à la Folie pour trahir ses intérêts, & si je puis compter quelques jours serains dans tout le cours de ma vie, c'est sûrement à cette heureuse Compagne que j'en ai l'obligation, en faveur de la reconnoissance, passés-moi l'enthousiasme qui me fait écrier,

Aimable & joyeuse Folie,
Mere des bizarres transports,

Venés, en dépit de Thalie,
Tracer mes lyriques accords.

Tu pénétres déja ma veine,
Viens, acheve délire heureux ;
Chaſtes Nimphes de l'hypocréne,
Ne venés plus troubler nos jeux.

Que le Philoſophe vante tant qu'il voudra les foibles avantages de la ſageſſe! que cet amant extaſié écoule ſes plus beaux jours à lui faire réguliérement ſa cour, pour en obtenir quelques légeres faveurs: ſa félicité me paroit trop équivoque, pour me faire naître l'envie de devenir ſon rival. L'aimable Folie n'a point à craindre des entrepriſes de cet orgueilleux adverſaire : on connoit trop le prix des faveurs de la Folie, pour ſe laiſſer ſéduire par la fauſſe aparence de féli-

cité que la ſageſſe nous promet ; ce bonheur eſt un être de raiſon qu'elle ne connût jamais, & dont elle peut encore moins nous faire joüir.

Le trouble ſuit partout ſes pas,
Et cette Reine impérieuſe
Eſt vainement orgueilleuſe
De ſes frivoles apas,
Dès qu'on voit ſa figure auſtére,
Elle glace notre cœur
D'une ſubite terreur ;
Et la troupe vive & légere,
Des jeux vifs & ſémillans,
N'oſe plus ſur la fougère
Cadancer des ſons brillans.

Un ſeul de ſes regards les diſſipe. C'eſt à la Folie ſeule à les raſſembler & à nous conduire dans les ſentiers les plus rians ; ſans elle que deviendroit la terre ? Elle ne formeroit bientôt qu'une vaſte ſolitude, mais, dès qu'elle paroît,

Chacun accourt & s'empresse
A lui dresser des Autels,
Une sensible allégresse
L'annonce à tous les mortels :
Sur son char est l'opulence,
Et sa divine présence
Anime tout l'Univers,
Elle fait des champs fertiles,
Et de somptueuses Villes,
De nos plus affreux déserts.

Ce que j'avance, n'est point hasardé, qu'on examine avec attention ? La Folie n'est-elle point la mere du genre humain? c'est elle qui lui fournit sa subsistance, & l'on peut dire, qu'elle est à juste titre, cette aimable Déesse,

Dont la puissance suprême
Vint débroüiller le cahos,
Arracher l'homme lui-même
A ce funeste repos;
A cette triste indolence,
Cette honteuse indigence,

Qui ternissoit pour toujours
L'éclat de ses plus beaux jours?
Victime de l'innocence,
Sans elle on verroit encor,
Ce Sage du siécle d'or
Caché dans sa grotte obscure,
Parmi les tigres afreux,
Y quêter sa nourriture,
Et vivre enfin tout comme eux.

Tel étoit le triste état du mortel, sous l'empire de la sagesse & de la candeur : voilà ce regne si fameux du bon Saturne & de la vertueuse Rhée. En vérité, méritoit-il les pompeux éloges qu'on lui donne depuis si long-tems, & n'étoit-il pas risible de voir

Cette judicieuse Astrée,
Par toute la terre adorée:
Se repaître de l'encens,
De ces hommes innocens,
Et pour prix du sacrifice

De la plus belle genisse,
Les payer de quelques glands.

Ce ne seroit point là une recompense digne de la générosité de la Folie. Le moyen dont elle se servit, pour attirer les hommes sous ses loix, est bien plus naturel & bien plus digne de notre reconnoissance. La bonté de son caractère, qui se plût à répandre ses faveurs sur tout ce qui s'offrit à ses yeux, l'annonça d'une façon bien plus noble, & chaque pas qu'elle fit dans le monde, fut marqué par quelque bienfait: dès l'instant qu'elle parût,

On vit bientôt de toutes parts,
L'industrie, mere des arts,
Donner une forme nouvelle
A tout ce vaste Univers,
Et par mille secrets divers,
Tracer de sa main immortelle

Ces Palais riches, ſomptueux,
Et cette noble architecture,
Ces lambris dorés, prétieux,
Ornés de brillante peinture,
Et la terre, qui juſqu'alors
Ignoroit le prix des tréſors
Que ſon ſein dérobe à la vuë,
Vit par une force inconnuë,
Ces hommes audacieux,
Que leur avidité preſſe,
Lui ravir cette richeſſe,
Digne objet de tous nos vœux.

Bientôt, ce n'eſt plus ce mortel malheureux à qui les choſes les plus néceſſaires à la vie manquoient. Par les ordres de la diligente Folie, la moleſſe ſa fille, prit ſoin de meubler & d'orner ſa retraite; une couche ſomptueuſe dreſſée à l'écart, le dérobe au tumulte & au bruit; Morphée alors,

Verſe ſur lui ſes pavots,
Et la troupe aimable des ſonges,

Tandis

Tandis qu'il jouit du repos,
Par de gracieux menſonges,
Souvent au gré de ſes déſirs,
L'enivre des plus doux plaiſirs.

A chaque pas que je fais, l'admirable Folie me ravit, & m'offre de ces objets touchans, qui me frapent, & m'enlevent. Sa main habile, prête & donne à l'art, de ces traits délicats & hardis, qui effacent les graces naïves & innocentes, dont la ſageſſe eſt ſi orgueilleuſe. Que j'aime à me perdre avec elle dans ces vaſtes labyrinthes dont les détours obſcurs & inconnus m'égarent, me ſéduiſent & m'amuſent en même-tems, je ne vois aucun de ſes ouvrages qui ne ſoient marqués au coin du goût & du ſentiment :

Que je ſuis enchanté de ſes nobles ſuccès

Quand je la vois ſous le nom
de Cérès,
Par une riante verdure
Orner nos fertiles ſillons
Et procurer à la nature
Des fruits pour toutes les ſaiſons.

Rien n'échape à ſa vigilance de tout ce qui peut flatter nos ſens, les mets les plus recherchés s'offrent à mes regards diverſifiés à l'infini ; ils ſont aprêtés par les mains de la ſenſualité, & la volupté les aſſaiſonne ſi bien, qu'en les voyant je doute ſouvent lequel de l'odorat ou du goût ſera le plus ſatisfait, mais à la fin du repas

Que le plaiſir eſt délicat
Quand le front ceint de lyerre,
On voit briller dans le verre
Le Champagne ou le Muſcat,
Et que notre ame enflamée
Par la divine fumée,

Et le goût délicieux
De ce nectar précieux,
Ne respire que l'yvresse
Et le vif amusement,
La liberté, la molesse,
Et le léger enjoûment.

C'est alors que je me retrace bien mieux toutes ses démarches, toujours nouveau sujet d'admiration ; je la suis pas-à-pas ici pour le plaisir de la vuë ; elle fait briller ces glaces, ces cristaux, dont l'ordre, la cimétrie me ravit les nuances de mille couleurs dont ils sont ornés, qui se réflechissent & se reproduisent un million de fois après m'avoir ébloui, raniment mon goût anéanti par cette heureuse profusion de mets qui venoient de disparoître, & les odeurs les plus délicieuses se mêlant à tant de merveilles, me plongent dans une indicible extaſe:

Non, je ne ſuis plus à moi-même,
Tant de biens s'offrent à mes yeux
Que je touche au bonheur ſuprême
Dans ces momens délicieux.
Un feu ſecret coulant de veine en veine
Epure encore les plaiſirs que je ſens,
Et les charmes les plus puiſſans
Laiſſent mon ame incertaine,
Se plonger dans l'égarement :
Cédant à l'ardeur qui la guide,
Elle ſe peint naïvement
La volupté la décide,
Et la nature timide,
Se déclare ouvertement :
Dans ce délyre charmant,
Elle n'eſt que plus occupée
De ce vif enchantement;
Mais c'eſt en vain, à peine en eſt-elle frapée
Que cette illuſion eſt déja diſſipée,
Elle cherche bientôt un autre amuſement
Entre les bras du tendre ſentiment.

Non, il n'apartient qu'à l'aimable Folie de produire ces miracles, elle ſçait donner à ſes preſens une varieté ſi précieuſe, ſes diſcours ont une grace ſi déciſive, que de l'état le plus ſéduiſant elle nous fait paſſer rapidement au ſein de la légéreté,

Et moins fidéles encore
Que les plus vites zéphirs,
Qui tous les jours au lever de
l'aurore
Se dérobent des bras de Flore,
Et ſans écouter ſes ſoupirs
Volent d'une aîle rapide
Où l'inconſtance les guide,
Pour ſe livrer à de nouveaux
déſirs :
Sous les loix de la Folie
C'eſt ainſi que notre vie
Coule de plaiſirs en plaiſirs.

Elle nous y conduit par degrés pour nous en faire mieux ſentir toute l'étenduë, & par une ſuite néceſſaire de ce beau déſordre qui forme l'apui le plus certain de la durée de ſon empire, aux myſtères ſomptueux de Comus, ſuccédent toujours ceux de la tendre Cypris, & cette derniere pour n'avoir point le frivole avantage de la préſéance, n'en eſt pas moins traitée avec la pompe qu'elle mérite, la nature nous aprend qu'ils ſont faits pour être toûjours unis,

Et cette liqueur ſalutaire
Du Dieu qui préſide aux repas,
Sans la Reine de Cytherre
N'auroit que de foibles apas;
Mais quand la délicate yvreſſe
Vient inſpirer à nos chants
Les accords les plus touchants
Près d'une jeune Maîtreſſe,
Elle donne à la tendreſſe
Les charmes les plus ſéduiſans
Et triomphe de tous nos ſens.

Par cette union ſi bien aſſor-

tie, la Folie économiſe divinement tous les momens de notre loiſir, elle nous délivre de la préſence dangereuſe de l'uniformité qui méne toujours à ſa ſuite le dégoût & l'ennui, & qui laiſſeroit ſûrement un vuide ridicule dans la peinture des faſtes de nos jours, pour prévenir ce malheur elle a mille ſecrets:

Et ſon eſprit en reſſources fertile
Se fait un juſte devoir
D'unir l'aimable à l'utile,
Et tout céde à ſon pouvoir;
Alors que j'aime la voir
Plus volage que Prothée,
Sous une forme empruntée,
Changer à chaque momens
Et de taille & de viſage
Et ſemer notre paſſage
Des plus doux amuſemens.
Ici ſous le nom de Flore
Elle embellit nos Jardins,

Et des larmes que l'Aurore
Y verſe tous les matins
Chaque jour en fait éclorre,
Cette roſe & ce jaſmin,
Dont elle pare le ſein
De la belle que j'adore.
Sous les traits de Terpſicore
Des jeux le folâtre eſſein
Se prête à ce beau deſſein,
Et la troupe réunie
Des ris & des paſſions,
Aux douces inflexions
Des graces de l'harmonie,
Tracent ces pas meſurés
Par la tendre mélodie,
Et les Silvains attirés
Au bruit de la ſimphonie,
Peignent dans ces mouvemens
Et cette danſe légère,
A l'innocente Bergère
Le feu de leurs ſentimens:
Qu'elle me plaît & m'enchante
Sous la figure charmante
Du Dieu qui regne à Paphos,
Quand le carquois ſur le dos
Elle inſpire la tendreſſe,
Et prépare à la foibleſſe

Le

Le cœur encore indompté
De quelque jeune beauté ;
Enfin ſa vertu féconde
Anime & peuple le monde,
Sous les attraits ſi connus
De la charmante Vénus.

Et le plus bel apanage de la tendre Déeſſe de Chypre, c'eſt d'être la Folie même ; n'eſt-ce point cette aimable Folie qui forme ces douces chaînes qui font couler des jours ſi purs à ces heureux amans qu'elle traîne captifs à ſon char.

C'eſt ſous ſon joyeux empire
Que regnent les jeux, les ris,
Ils ſont les enfans chéris
D'elle & du tendre délyre :
Les graces & le plaiſir,
Le voluptueux déſir,
Dont la puiſſance eſt divine
N'ont point une autre origine,
Et cet orgueilleux amour
Qui triomphe chaque jour

De quelque Nimphe nouvelle,
Sans cette jeune immortelle
Se verroit moins révéré,
Si cette fiere Déesse
Ne guidoit avec adresse
Son bras encore égaré,
Très-souvent mal assuré.

Enfin on peut dire que la Folie est l'ame de l'Univers, & je ne suis point surpris que l'on ait regardé comme un paradoxe le sentiment des Stoïciens, qui prétendoient que la sagesse seule pouvoit nous rendre heureux.

N'être jamais d'accord avec soi-même,
Eviter ce qui plaît avec un soin extrême,
Agir contre tous les droits
De la sensible nature,
Telle est la fidelle peinture
De la sagesse & de ses loix.

Une pareille contradiction

peut-elle nous donner la plus légère idée de contentement? Est-il une erreur plus contraire aux sentimens de notre cœur? Pour prouver cette vérité, il ne faut que prêter un moment d'attention sur ce qui fait l'objet de notre bonheur; en deux mots, en voici la source:

Couler ses jours dans l'indolence
Et dans la flateuse opulence,
Se livrer à la volupté,
Tout sacrifier à l'aisance,
Fut toujours à ce que je pense
La suprême félicité.

Tels sont les salutaires avis de la Folie, & c'est là justement l'oposition réelle qu'il y a entre elle & la sagesse, qui ne cesse de nous étourdir de sa vaine morale.

Fuyés, dit-elle, toujours
Le plaisir & la molesse,

Les graces & les amours,
Les jeux, la délicatesse
Esclaves de la raison,
Que dès la jeune saison,
Guidés par l'économie,
La saine frugalité
S'opose en vive ennemie
A la sensualité;
Et que votre ame asservie
Aux loix de l'austérité,
Fasse couler votre vie
A suivre la vérité.

Quel langage obscur! quel sistême éfraïant! anathomisons le cœur de ce sage, suivons un peu ses pas, & voyons son bonheur. Si vous ne le dépouillés point de ses passions, je ne vois qu'un malheureux; si vous l'en exemptés, je ne connois plus l'homme: voilà ce qui fixe ma décision. Oüi!

Tout en naissant la nature
Nous fait respecter ses loix,

Et par une régle ſûre
Détermine notre choix ;
C'eſt elle qui nous inſpire
Ces douces illuſions,
Ces flateuſes paſſions,
Ce vif & tendre délyre,
Qui triomphe de nos cœurs
Sous de brillantes couleurs,
Et le déſir qui nous méne
Par une route certaine
A ces badines erreurs ;
Nous dit qu'à tort la ſageſſe
Livre la guerre ſans ceſſe
A l'aimable volupté,
Que le mortel enchanté
De cette ſageſſe vaine,
Prend une inutile peine
Pour ſe former à loiſir,
Et pour bannir de ſon ame
Cette délicate flame,
Ce goût heureux du plaiſir.

Il peut bien le dérober aux yeux du vulgaire, mais jamais le déraciner de ſon cœur ; cette gêne continuelle, cette afreuſe contrainte est plus que suffisante pour faire son malheur.

Les préjugés de tout l'Univers n'ont jamais été en faveur de la sagesse, tandis que l'on a vû des Nations entieres élever des trophées à l'honneur de la Folie. Rome même cette République fameuse, si connuë par ses conquêtes & ses judicieuses Loix, Rome l'asile des Dieux expatriés: Rome le centre du goût & de la politesse, se garda bien de construire un Temple à la sagesse; mais connoissant l'utilité de la Folie, elle lui en fit bâtir un qu'elle orna très-richement; cette Déesse y recevoit tous les jours les sacrifices les plus somptueux, & sous le nom de Fatua, *elle étoit la protectrice de l'enfance; ce qui prouve qu'on a toujours reconnu qu'elle préside à notre destinée dès notre naissance, & que le cri de l'homme est fait pour lui rendre hommage, son nom même suffit pour réjoüir & pour attirer les cœurs; figurons-nous un festin délicatement servi, où il n'y auroit que des Philosophes, quelles idées nous inspireroit-il? Pouroit-on s'attendre à y trouver ce gratieux, ce riant qui fait l'ame des bonnes compagnies, quel plaisir de n'entendre disputer que sur des questions abstraites; tandis que si vous leur substitués de ces foux délicats, de ces aimables Convives peu curieux de ces doctes réveries; enfin si vous mettés à la place de ces graves sçavans, ces hommes divins, tels que furent Anacréon, Tibulle, Catulle, Properce, Gallus, Ovide, Lucrece, Horace, Chapelle, La-*

ſarre, Chaulieu, Rouſſeau, Grécourt, & une infinité d'autres; vous les verrés par mille ſaillies brillantes uſer de l'inſtant avec économie, & ne pas perdre un moment qui ne puiſſe être compté par un nouveau plaiſir.

Regne donc paiſiblement, aimable Folie, regne ſur nos cœurs, que ton empire eſt glorieux: oüi ſans toi plus d'agrémens dans la nature, les zéphirs n'oſent plus faire ſentir la douceur de leur haleine, la terre n'orne plus ſon ſein de brillantes couleurs, les modes, les parures, les Palais les plus magnifiques, les repas délicats, les vins exquis, tout s'évanouit; les oiſeaux ne chantent plus leurs amours, la belle geniſſe ne bondit plus dans la plaine, le peuple que l'atrait de la volupté n'attire plus gémit de de son sort ; enfin tout languit, enfin sans toi plus de félicité, & sans le plaisir tout rentre dans le néant, loin de nous ces idées sinistres, mais

En attendant que la Parque
Tranche le fil de nos jours,
Et que Caron pour nous frête la triste barque,
Qui doit à l'Univers nous ravir pour toujours :
Des instans que le Ciel nous marque,
Sachons égayer le cours
Entre Bacchus & les Amours,
Passons notre tems à rire
Dans un voluptueux délyre,
Usons bien de ces faveurs,
Goutons les vives douceurs
Dont la riante Folie
Sçait assaisonner notre vie,
Et qu'enivrés de plaisirs
La source de nos désirs,
Par la joüissance épuisée
Nous méne d'erreurs en erreurs
Dans le paisible Elisée
Par un chemin semé de fleurs.

AVIS

Pour placer les Figures.

AU *Tome premier, vis-à-vis de la première page.* Un cartouche qui repréſente la Folie, avec tous ſes attributs.

Id. . . . Après la Lettre ſur la Folie, & en face de la premiére page de matiére, cottée I. Un Seigneur qui eſt dans un lit, qui paroît écouter un jeune homme aſſis près de ſon chevet.

En face de la page 29. Premiére Partie. Un jeune Cavalier regarde à travers une fenêtre, une jolie Demoiſelle qui eſt couchée dans un lit, & y paroît endormie.

Deuxiéme Part. En face de la pag. 116. Un homme en robe de chambre, la lanterne à la main : s'approche du lit d'une Dame, qui paroît l'inviter à y entrer.

RECUEIL
DE
PIECES
FUGITIVES
videsis ne majorum tibi forte
limina Frigescant.

pag. 1.
1.e part.

LES

SONNETTES,

OU

MEMOIRES DE MONSIEUR LE MARQUIS D***.

PREMIERE PARTIE.

MA Maiſon établie depuis pluſieurs ſiécles dans la Province de Bourgogne, y poſſede des biens conſidérables. Quatre freres que j'avois, ayant pris le parti des armes, convenable à leur naiſſance, ont péri ſucceſſivement depuis la bataille de Fontenoi. Le Baron D***. frere de mon pere, a vû ſon fils unique enlevé par le même ſort à la fleur de ſes années. Ces coups funeſtes, qui ſe ſont ſuivis rapidement, ont porté la déſolation dans le ſein de notre famille.

La nouvelle de la mort de mon dernier frere, détermina mon pere à me rappeller de Paris, où je faiſois mes exercices. Il fallut obéir, quoique j'en préſentiſſe les ſuites. Le ſëjour de la Province dont j'étois menacé, pouvoit bien me faire regretter celui d'une Ville qui eſt regardée comme le centre du goût & des arts, pleine de beautés de mille genres, pour leſquelles je commençois à avoir des yeux. Mais l'image d'un pere accablé de douleur, me fut ſeule préſente. Je ſongeai qu'il n'avoit que moi pour eſſuyer ſes larmes, & dans quel état le trouvai-je? La triſteſſe lui avoit fait une telle impreſſion, qu'il en étoit tombé malade dangéreuſement. Je frémis, je me crus au moment de tout perdre, quand j'apperçus le péril où l'auteur de mes jours étoit expoſé. Souvenir de ma douleur, que vous m'êtes cher! & que j'aime à me rappeller les vives émotions dont je fus agité : je ne crains point que l'on nomme foibleſſe, des ſentimens ſi capables de faire honneur à la nature.

Nos ſoins redoublés, des Médecins, mais, ſans doute plus que tout le reſte, la bonté du tempéramment me rendit mon pere, & il fut bientôt hors de danger. Sa tendresse me retenoit continuellement auprès de lui ; je trouvois une douce satisfaction à m'acquitter de ce devoir. Un jour qu'il étoit encore mieux qu'à l'ordinaire, & que je lui en marquois ma joie ; vous voyez, me dit-il, mon fils, à quels dangers je viens d'échapper, le mal a pensé consommer ce que le seul chagrin auroit dû faire ; mais c'est en vain que nous fuyons notre terme, ce même chagrin, en hâtant la vieillesse, va bientôt me ramener au point que vous croyez reculé : n'espérez pas que je survive long-tems à des pertes si sensibles. C'étoit peu d'avoir versé presque tout mon sang pour mon pays, il falloit encore en perdre de plus précieux. J'ai vû les miens périr l'un après l'autre, le ſort cruel a compté les coups qu'il me portoit, vous ſeul me reſtez, mon cher fils ; mais pourai-je vous conſerver ? vos freres vous ont tracé une route funeſte ; vous irez, comme eux chercher la gloire & la mort. Gloire vaine ! à laquelle on ſacrifie les ſentimens les plus chers, & qui nous rend victime à notre tour de paſſions étrangeres ; puis-je attendre que quelqu'un me fermera les yeux....Ah! mon pere, lui dis-je, avez-vous crû que votre fils vous abandonnât jamais ? vous que j'aime uniquement, & que j'ai tant de raiſons d'aimer ! ce ſeroit m'arracher à moi-même, ce ſeroit outrager la nature, & ceſſer d'être votre fils ; ma premiere gloire eſt d'avoir un cœur ſenſible : vivez, & puiſſai-je contribuer à votre bonheur, en égalant votre tendreſſe par la mienne !

Les aſſurances que je donnai à mon pere de reſter auprès de lui, ne ſervirent pas peu à le rétablir. Le calme de l'ame & la joie ſont un baume qui diſtile ſur tous les maux. Le Baron D'***. mon oncle, que la lenteur des Juges, & les détours artificieux d'un adverſaire, avoient long-tems retenu au Parlement de.... arriva dans ces tems,& vint ſe réjouir avec mon pere de ſa convaleſcence ; dans la ſuite, il ne crut pouvoir mieux faire que de vivre avec nous, & nous ne fîmes plus qu'une maiſon. Le Baron étoit un homme de cinquante ans, d'une humeur égale & enjouée ; il avoit ce bon ſens aſſaiſonné de pénétration, qu'on devroit nommer eſprit, ſi on n'abuſoit pas des termes. Sa converſation amuſoit en inſtruiſant, ſans qu'il prétendît ni l'un, ni l'autre ; chez lui la ſcience étoit aimable, & la probité ſans rudeſſe ; il avoit autrefois vécu à la Cour, & c'eſt faire ſon éloge, que de dire qu'elle ne l'avoit point gâté : quoiqu'il eût mille fois ſouffert de la méchanceté de ſes ennemis, & de l'ingratitude de ſes amis, il n'avoit pas ceſſé d'être bon & généreux. Les qualités de mon pere, quoique moins brillantes, s'accordoient aux ſiennes ; & la plus tendre amitié uniſſoit ces deux freres, que l'interêt auroit pû diviser suivant l'usage. Le Baron parut content de moi, & de l'emploi de mon tems à Paris. J'avois fait entrer dans mon éducation la plûpart des connoissances dont mon âge étoit susceptible; l'étude des langues polies, & la lecture des meilleurs ouvrages m'avoient utilement occupé; j'en avois acquis la facilité de m'énoncer: la Musique, la Peinture & la Poësie varioient mes amusemens; mon extérieur étoit décent, & je me présentois de bon air, grace aux leçons de mes maîtres. Depuis la mort de son fils, le Baron me regardoit comme le sien; je lui devins plus cher encore quand il me connut: dès-lors il se fit une affaire principale d'éclairer ma jeunesse, &

de donner les derniers traits à mon éducation. Il ſçavoit que la route du cœur eſt celle de la perſuaſion, & que les conſeils des perſonnes que nous aimons, ſont toujours les mieux ſuivis. Il n'épargna rien de ce qui pouvoit le faire chérir, s'il ne l'eût été déja. Il étudioit mes déſirs & mes panchans, & il s'empreſſoit à les ſatisfaire. Il me portoit à entretenir des correſpondances à Paris pour le nouveau dans tous les genres. Le goût, diſoit-il, eſt une faveur du Ciel, comme les graces ; mais ſi l'art bien entendu peut ajoûter aux graces, le goût naturel n'a pas moins beſoin de culture ; il ſe rafine par le commerce du bon & du beau : jamais on a penſé plus délicatement que dans notre ſiécle ;

mais nos Ouvrages ont moins de force que ceux des Anciens; jamais les ſciences n'ont été enſeignées d'une méthode plus claire, ni plus ſimple; mais nous ſommes moins heureux en découvertes. Il eſt bon qu'aux modéles de l'antiquité, vous joigniez les productions nouvelles, pour apprécier les unes & les autres, & pour juger avec ſûreté de l'état preſent des beaux Arts, de leurs progrès & de leurs décroiſſemens. Il n'y a peut-être point de plaiſir plus ſenſible pour l'eſprit, que celui de la comparaiſon, point de voie d'inſtruction plus facile.

C'eſt à peu près ainſi que le Baron me rendoit les ſciences agréables, non qu'il voulût faire un ſavant, il vouloit quelque choſe de mieux. Je touchois à cet âge critique, où le germe des passions se dévelope dans le cœur. Le Baron connoissoit de quelle vanité fut toujours le projet de les détruire ; il tenta seulement de faire changer d'objet à ces passions, & de tourner au profit de l'étude, des désirs & des mouvemens inséparables de notre être. De même un Chimiste industrieux se rend maître de l'élément dont il attend ses richesses : sans l'étouffer, & sans permettre qu'il s'évapore, il lui fournit des alimens, & captive son action pour la rendre utile à ses desseins.

Mon pere seconda les intentions du Baron : il fut résolu que nous passerions une partie de la belle saison à S. C.... Cette Terre, située à dix lieues de la

Ville, eſt le plus aimable déſert, qui puiſſe conſoler de l'abſence du monde, ſi pourtant on doit regarder comme un déſert un lieu où nous étions entourés de beautés de la Nature. Là elle s'offroit à nos regards avides ſous mille figures différentes; ou ſi elle vouloit encore nous cacher quelques tréſors, les ſciences que nous appellions, pouvoient bientôt écarter ſes voiles. L'ingénieux Tournefort, Réaumur, Pluche, & tous ces hommes célébres, qui ont appris à leurs égaux à voir & à connoître l'Univers, venoient au ſecours de notre curioſité, la contenter, & l'exciter de nouveau ſur des merveilles dignes d'occuper inceſſamment nos eſprits. Là nous penſions profondement, ici nous jouiſſions de l'heureuſe liberté de penſer à rien ; dans un autre tems nous nous livrions aux amuſemens champêtres. Un Ciel pur & ſerein, un enchaînement de côteaux tapiſſés de vignobles, un ruiſſeau qui ſerpente dans les fleurs, des arbres touffus, dont les bras entrelaſſés forment un ombrage éternel, le ramage varié des habitans de l'air, le bêlement & les jeux des Troupeaux, je ne ſais quoi de divin qui anime les Campagnes dans les beaux jours : voilà les images riantes qui m'entretenoient ; c'étoient mes paſſions & mes richeſſes. Plaiſirs des premiers âges, préſentés par l'innocence, & goutés avec tranquillité ; ancien patrimoine de l'homme, qu'il a négligé pour des acquiſitions plus brillantes & moins ſûres.

Je paſſai quelque tems de la ſorte, entre la Nature, mon pere & le Baron; me livrant tour-à-tour à des objets auſſi chers, ſans qu'aucun déſir vînt m'apprendre, qu'il y avoit ailleurs d'autres biens pour moi. Tout genre de vie, adopté par l'habitude, nous devient néceſſaire; je vantois les douceurs de notre retraite au Baron, je le priois de les prolonger. Il eſt à craindre, me dit-il, que vous ne preniez trop de goût pour la vie privée; en convenant de ſes avantages, il faut dire auſſi que ſon uniformité peut conduire à l'indifférence & à la pareſſe. Que deviendront les devoirs mutuels qui enchaînent tous les hommes?

Les Etres qui ont les mêmes beſoins, doivent être unis

par leurs propriétés : le commerce, ame universelle, est pour eux un bien aussi précieux que l'existence, puisqu'il fait leur conservation. Citoyen du monde, vous n'êtes pas né pour y rester spectateur inutile, vous vous devez à vos pareils, qui vous entourent, & ils ont droit d'exiger l'emploi des facultés dont vous êtes doué. Pour que cette obligation parût moins dure, celui qui a formé nos cœurs, y a mis des passions, dont les nuances sont aussi diversifiées que nous. L'amour, l'amitié, l'ambition, la gloire, nous forcent, quoique librement, à faire de bonnes actions ; de-là les tendres noms de pere, d'époux & d'ami ; les titres de Héros, de pere de la Patrie, de Grand Général, & de sage

Ministre. Il faut donc qu'entre les états vous choisissiez le plus conforme à la solide gloire & à votre naissance, suivant les idées de la Nation, il paroît que vous n'avez qu'un parti, celui des armes... Ah, Monsieur, lui dis-je, souffrez que je vous interrompe, le parti des armes, quelque beau qu'il semble, ne sera jamais de mon goût ; je sais que mes idées à ce sujet vous paroîtroient singulieres ; si je les rendois publiques, on pouroit me soupçonner de foiblesse d'ame, ou ceux qui me verroient attaquer de front un préjugé si ancien, m'accuseroient de folie tout au moins. Je ne dis point, comme nos prétendus Politiques, toujours extrêmes & toujours mécontens, que la guerre est une source de maux

maux ſans nombre, un prétexte à mille impôts, un jeu entre les Souverains, qu'ils font durer autant que leur avarice, leur luxe & leurs autres paſſions l'exigent : un moyen d'établir le deſpotiſme, en tenant la Nobleſſe dans la dépendance, & les Peuples dans la miſere. Je me garde de traiter cette matiére d'après de ſemblables principes, & je me borne à en parler comme tout homme privé peut le faire, à proportion de l'interêt qu'il a dans les affaires publiques. La crainte qui a formé les premieres ſociétés, & qui eſt l'origine des loix, cette crainte qui a fait les Dieux, pour me ſervir figurement des paroles d'un Ancien, c'eſt cette même crainte qui a fait les armes, la gloire, & les triomphes.

Il eſt néceſſaire de donner un frein à la cupidité ; & dans ce ſens, je conviens qu'il faut des Guerriers en un Etat ; qu'il en faudroit même dans une ſocié-té particuliere & uniquement compoſée d'hommes raiſonna-bles, à moins qu'ils ne fuſſent ſéparés des autres hommes, & tranſplantés dans une Iſle inac-ceſſible ; mais moi, qui juge du bien & du mal ſuivant l'état actuel du monde, moi qui vois, en ouvrant l'hiſtoire de tous les ſiécles, tant de malheurs pro-duits par les Guerres & preſque pas un bon effet, moi, dis-je, qui en deſcendant en moi-mê-me, trouve que la barbarie eſt inſéparable de ces meurtres, de ces contributions, ou ce qui eſt la même choſe, de ces ra-pines : je décide que mon cœur ne pourroit jamais accorder avec tant de vices le désintéressement & l'humanité, & je veux prendre un état dont les devoirs conformes à mes sentimens, en deviennent pour moi plus faciles à remplir. Je ne chercherai point, dit le Baron, à combattre votre répugnance, laissons ce premier parti; votre choix peut s'étendre à d'autres états aussi glorieux. N'y a-t-il donc que des ennemis étrangers? dans notre propre sein nous en renfermons; critiques, trahisons, concussions, injustices, voilà les ennemis du Royaume pour un Magistrat zélé; Sujet d'autant plus essentiel à l'Etat, que son ardeur infatigable s'exerce en tout tems. Le Ministre court une carriere encore plus vaste, œil de son maître, il connoît tout au dedans & au dehors ; tranquille dans ſon Cabinet, il forme les projets qui doivent changer la face de l'Europe. Il réflechit des plans dont l'exécution eſt confiée à la valeur ; elle fait des conquêtes, & la prudence les conſerve. Dans l'intérieur, il favoriſe les Arts & les Sciences ; par cette nouvelle maniere de conquérir, les autres peuples deviennent tributaires de nos goûts & de notre induſtrie ; il applique utilement les Finances, il diminue les charges publiques ; & les richeſſes du Roi & des Sujets s'en trouvent augmentées. Le Négociateur, en partageant la gloire du Souverain qu'il repréſente, y contribue, & lui ajoute l'éclat de ſes propres talens : verſé dans la connoiſſance des interêts, il fait servir ceux de nos Voisins aux nôtres ; son éloquence le rend maître des cœurs, qu'il sait amener imperceptiblement à ses fins. Il fait avorter les Traités contraires, il en conclut d'avantageux, & préside à ces himenées qui scellent le bonheur & l'amitié de deux Nations.

Ces tableaux étoient capables d'exciter l'amour propre ; mais c'est à la seule inclination que l'on se raporte communément, quand il s'agit de travailler au bonheur de sa vie. Incertain encore de sçavoir à quel état je devois m'arrêter, doutant même si j'en devois prendre, je fus seulement sensible à l'interêt que le Baron me montroit ; & plus touché que persuadé, je lui promis de m'abandonner à ſes conſeils. Ma déférence & les éloges que je lui donnai, m'attirerent de nouvelles careſſes de ſa part. Il eſt tems, me dit-il, que vous entriez dans le monde, je vous juge en état d'y paroître; ce n'eſt pas à vous qu'il faut parler des dangers qu'on y rencontre, tant d'Ouvrages prétendent ſervir d'école à la jeuneſſe, les exemples préſens vous inſtruiront davantage que tous nos déclamateurs modernes. La plûpart de ces Auteurs n'ont point vû le monde dont ils parlent, parce qu'ils n'y ſont pas propres; ſous l'enveloppe du pédantiſme qui les défend, ils décochent des traits inutiles, leurs portraits faux & ridicules n'ayant point d'originaux, ne corrigent perſonne. Vous verrez par vous-même que le monde eſt ſage & fou, amuſant & ennuyeux, humain & méchant, & que, tout compenſé, il eſt d'aſſez bon commerce ; qu'enfin dans cette matiere, comme dans quelques autres, il faut prendre le parti d'une tolérance raiſonnable. Votre bon naturel vous garantira des fautes groſſiéres ; je laiſſe le reſte à votre bonheur.

Nous voilà de retour à la Ville de ..... On pouroit décrire les mœurs de ſes habitans par deux traits ; l'abondance y a conſacré le luxe, & les femmes y ſont charmantes ; c'eſt un de ces endroits fortunés de la terre que l'Amour a regardé de tout tems avec complaiſance ; nulle part le ſexe aimable n'a mieux mérité le nom de beau ſexe ; il y a une eſpèce de ſucceſſion d'agrémens établie entre les meres & les filles. Les droits des unes & des autres s'exercent paiſiblement ſans ſe nuire : les premieres ſont complaiſantes, pour que les dernieres le ſoient ; parmi ces meres adorables, Platon auroit trouvé plus d'une ARQUÉANASSE digne d'arrêter les Graces & le Tems, & dont les rides n'auroient pas effrayé les Amours. Dans ce pays heureux, le ſeul myſtére aſſaiſonne des plaiſirs, dont on eſt ailleurs redevable aux fâcheux & à la contrainte ; les hommes y ſont doux & polis, parce qu'ils voyent les femmes ; point de rivalité entr'eux, parce qu'ils ſavent ſe rendre juſtice. Sans ſe punir eux-mêmes d'une infidelle, ils ſe conſolent promptement

ment par un autre choix ; ces régles rendent l'amour raisonnable, & en l'affranchissant d'une constance qui n'est point dans la Nature, elles engagent les Amans à se conserver leurs conquêtes par des soins continuels qui sont eux-mêmes le prix de l'amour.

Ce ne fut point à cette école que je reçus les premieres leçons de sensibilité ; ma défaite devoit être plus prompte ; sans sortir de chez moi, à peine armé, je trouvai mon vainqueur. Sciences respectables, vous êtes bien loin de nous à la présence d'un bel objet ; reconnoissez un pouvoir plus grand, & contentes de commander aux esprits, laissez l'empire du cœur à ses Souverains légitimes. Le soir de mon retour, un livre nouveau m'avoit fait preſſer le moment de me retirer ; j'avois renvoyé mes Domeſtiques, avec l'impatience d'un homme de mon âge, & qui va dévorer une lecture intéreſſante. Ma chambre étoit ſur le derriere de l'Hôtel ; un petit bruit me fait tourner la tête, j'apperçois dans un des appartemens d'un Hôtel voiſin une beauté charmante, & qui ſembloit âgée au plus de ſeize ans : elle entra en chantant & folâtrant. Une femme de chambre portoit devant elle deux bougies, j'éteignis les miennes, & j'ouvris doucement ma fenêtre. Quelque choſe de plus fort que la curioſité me faiſoit ſouhaiter de diſcerner exactement tout ce que je voyois. Ah, je n'en vis que trop ! Qu'on ſe figure un jeune homme aſſailli de déſirs qu'il ne connoît pas, qu'il veut démêler, & qui se confondent; qu'on le mette à ma place, & qu'il essuye le charmant supplice de voir deshabiller en détail le plus beau corps qui ait été jamais. On ôte la robe, la finesse de la taille en devient mieux marquée; le mouchoir, ce gardien aussi jaloux que le Dragon des Hespérides, ne cache plus les pommes du Jardin de l'Amour: à mesure que l'on délace le corset, les graces s'échapent, elles ne sont plus couvertes que d'un voile léger: cette chaussure galante laisse bientôt voir une jambe faite au tour, & d'une blancheur à éblouir. Qui ne se seroit pas alors trouvé heureux d'embrasser ses genoux, & de lui jurer une flâme aussi réelle que le prix des objets ? Mes yeux faiſoient mille larcins, & me donnoient l'idée confuſe de mille autres ; ma ſéduction & mon délire étoient au comble, cependant elle ſe met au lit ; mon bonheur voulut qu'il fît une extrême chaleur, les fenêtres reſterent ouvertes, les rideaux ne furent point tirés, & la femme de chambre ſortit, après avoir approché du lit une table avec les lumières. Ma jeune Déeſſe prit ſous ſon chevet une brochure, & l'ouvrit. Il me fut aiſé de juger que cette lecture l'attachoit : que ne voyent pas les yeux d'un Amant ? Car ſans doute je l'étois devenu. Je crus appercevoir une expreſſion de langueur, répandue dans toute ſa perſonne. Quelques momens après ſa tête ſe panche, le livre

pag. 29

I.e part.

lui échape, elle étend ſes beaux bras, ſa reſpiration devient précipitée, ſon ſein timide & naiſſant s'éleve & s'abaiſſe, & ſes yeux fermés me font craindre qu'elle n'ait perdu l'uſage des ſens ; j'en ſuis touché au point que j'éprouve les mêmes périls: un trouble inconnu s'empare de moi, un feu ſubtil ſe répand dans tout mon corps, mon ame captive veut s'exhaler, & ne pouvant trouver d'iſſue, elle étend avec violence les liens de ſa priſon, j'en cherche la cauſe, je tourne encore les yeux vers le lit fatal à mon repos, je ne vois plus, je n'en puis plus, je tombe ſur un fauteuil, dans des raviſſemens inexprimables.

Le ſentiment, que ſon excès m'avoit fait perdre, revient par degrés, je ſavoure le plaiſir, &

il s'évanouit ; le charme ſe diſſipe, le calme renaît, il ne me reſte que le ſouvenir d'une émotion qui étoit ſi puiſſante il n'y a qu'un inſtant ; que n'aurois-je pas donné pour la perpétuer! Mes yeux retournent à la ſource de cette divine émotion, ils retrouvent l'adorable Nimphe, & dévorent de nouveau les appas qui leur ſont offerts : comment en décrire d'autres, dont je n'avois pas même oſé déſirer la vue ? mon pinceau refuſe de les deſſiner ; ils ſont de la nature des miſtéres des Anciens, objets de vénération qui ne vouloient pas être expoſés à des yeux vulgaires. Je ſuis forcé de me ſervir d'emblêmes, & de faire entrevoir des beautés que je ne puis dévoiler.

Description de l'Isle d'Amour.

Vers ces beaux lieux, ou l'Aurore naissante
Aux Mortels annonce le jour,
Il est une Isle florissante
Que l'on nomme l'Isle d'Amour.

Au fond d'un Bois, en perspective à l'ombre
S'éleve un Temple somptueux ;
On y voit acourir sans nombre
Les Amans, les Voluptueux.

Là sont offerts les tendres sacrifices
De mille & mille cœurs contens,
Vénus, en ce lieu de délices
Les Plaisirs comptent vos instans.

Heureux, Déesse, heureux celui qui touche
De plus près vos brillans Autels !
Un sourire de votre bouche
Eleve au rang des Immortels.

Ce Temple aimé, séjour de préférence
Renferme vos plus chers trésors,
Et votre faveur les dispense
Aux vœux ardens, aux doux efforts.

Mon aimable Inconnue qui avoit fait la découverte de ce Temple, s'appliquoit à en trouver l'accès : elle s'enfonça dans les avenues ; sa piété alloit jusqu'à une espèce de fureur, & je crus qu'elle feroit un défi sanglant aux gardes qui en défendoient l'entrée ; les obstacles augmenterent, une main divine la repoussa. Elle ignoroit qu'il étoit réservé à un seul Amant de lui ouvrir les portes du Temple, & d'y présenter les offrandes de tous les deux. L'ombre du bonheur vint alors la consoler de ses vaines tentatives, & lui remit dans les mains la Brochure qu'elle avoit abandonnée : elle y puisa de nouveaux sujets de rêverie, de trouble & d'illusion. Par un effet de cette correspondance intime de sentimens qui m'unissoit à elle, je la suivis dans toutes ses erreurs, je les partageai, je m'y plongeai avec joie; j'eus l'avant-goût des plaisirs véritables. Prête ensuite à céder au sommeil, elle éteignit ses lumiéres, & tout le spectacle qui m'avoit enchanté disparut; mais les traces en resterent empreintes dans mon imagination, & l'agiterent au point que je ne pus prendre aucun repos, symptôme assuré de passion. Je fus le reste de la nuit occupé des projets de faire réussir mon amour, rempli de désirs & de craintes; que devenois-je si son cœur étoit prévenu? quelle félicité si je la rendois sensible!

Le matin je sonnai plutôt qu'à l'ordinaire; Dubois, mon Valet de chambre, satisfit bien à propos ma curiosité ; il m'apprit que l'Inconnue étoit fille de la Comtesse de Mongol, veuve d'un Officier de marque, & qu'elles occupoient depuis un mois l'Hôtel voisin : je lui dis de tâcher de prendre langue avec la femme de chambre. Dubois avoit été à plusieurs jeunes-gens de la Cour ; il m'exagéroit la nécessité de se rendre singulier le succès du ton décisif, & les victoires attachées aux airs avantageux : il voulut ce jour-là présider à ma parure, & rendre ma philosophie plus galante qu'à l'ordinaire. En sortant des mains de Dubois, je me rendis à la chambre du Baron : dans la conversation, je lui rapellai ses promesses de me produire dans les Compagnies ; & sans trop lui marquer d'empreſſement, je lui parlai de la Comteſſe de Mongol : nous arrêtames que nous commencerions par elle.

La plus grande viteſſe eſt lente auprès du déſir ; qu'un ſeul matin me parut long ! je ne pouvois plus vivre loin de ce que j'aimois. Enfin le moment fortuné arriva ; & par un ſentiment dont les ſeuls Amans peuvent comprendre la biſarrerie, je commençai à craindre ce moment autant que je l'avois déſiré : les incertitudes ſur le ſort de mon amour ſe renouvellerent ; & ce ne fut qu'avec le plus grand trouble, que j'entrai dans l'appartement de Madame de Mongol. Nous la trouvâmes avec ſa charmante fille ; je me tirai, ſans doute, fort mal des premiers complimens ;

je ſortis de l'eſpèce d'éblouiſſement où j'étois, pour conſidérer Mademoiſelle de Mongol : qu'elle étoit belle ! ſon air noble & modeſte m'enchantoit. Je lui adreſſai, en tremblant, quelques paroles ; elle y répondit preſque ſur le même ton ; mais elle étoit accoutumée à penſer finement, & l'eſprit lui étoit naturel : les graces naïves prenoient ſoin d'orner ſes diſcours ; le ſon de ſa voix alloit au cœur, & l'effet qu'elle fit ſur moi, augmenta tellement mon ardeur, que je m'imaginois ne l'avoir point encore aimée. Je m'apperçus enfin que Madame de Mongol m'examinoit ; la derniere refléxion fut pour elle : je fus contraint de répondre à ſes queſtions, & d'entrer en converſation réglée,

C'étoit une femme de trente-cinq ans, & qui avoit assez d'agrémens pour soutenir l'éclat de sa fille. Elle me dit tout ce que les finesses de l'usage peuvent suggérer de plus flateur, je crus même entrevoir chez elle des sentimens que j'aurois souhaité trouver ailleurs, au prix de tout ce qui m'étoit le plus cher, & je ne lui remarquai que de la politesse pour le Baron, quelqu'attention qu'elle parût témoigner à ses discours. Entre deux hommes d'un mérite bien inégal, les femmes décident toujours en faveur de la jeunesse & des agrémens; leur cœur juge pour elles avant qu'elles s'en apperçoivent: voilà la cause des injustes préférences qu'on leur impute; & c'est la même cause qui me fit preférer au Baron par Madame de Mongol. Mon oncle pourtant valoit mieux que moi, si l'on eût compté les agrémens réels : c'étoit un homme aimable, & je commençois à l'être. Heureusement pour son repos, le Baron ne fut pas prévenu d'abord d'une inclination violente pour la Comtesse. Il avoit dans sa jeunesse beaucoup aimé ; les premieres ardeurs émoussent, pour ainsi dire, notre sensibilité ; les goûts impétueux appartiennent plus aux âges qu'aux personnes. Le Baron étoit dans cette situation, où l'on est presque maître de soi, & où l'on ne craint plus les surprises du cœur ; état heureux, qui nous permet d'écouter la raison dans le silence des passions. Ce ne fut donc que par degrés que son attachement pour Madame de Mongol se forma : s'accoutumant à la voir, il prit l'habitude de l'aimer. Mademoiselle de Mongol & moi fimes en moins de tems bien plus de chemin. L'envie de plaire me fit employer auprès d'elle tout ce que j'avois de talens agréables ; moins agité, j'aurois pû remarquer l'impression que faisoient mes soins sur elle, la gayeté qui l'animoit quand nous nous revoyions, l'attention qu'elle donnoit aux moindres paroles que je lui disois, les aimables rêveries où quelquefois elle tomboit, le chagrin qui paroissoit malgré elle, quand nous nous séparions ; j'aurois pû voir qu'un cœur sans art me parloit dans tant de circonstances : il ne manquoit que le nom d'amour à ce que nous éprouvions tous deux. Peu de jours s'étoient écoulés depuis notre premiere entrevûe, la vivacité de ce que je ſentois me dicta une lettre des plus paſſionnées : je choiſis un moment pour la gliſſer dans les mains d'Eleonore. Le lendemain je la trouvai plus ſérieuſe avec moi ; & quand nous pûmes nous parler, elle affecta de ne me dire que des choſes indifférentes ; jamais ſes yeux n'avoient été ſi brillans, & elle ne les tournoit plus que rarement ſur moi : j'ignorois comment je devois interpréter ſa contrainte. La Comteſſe & le Baron ſe mirent à jouer ; ce fut une occaſion dont Mademoiſelle de Mongol profita. Je ne ſçai, me dit-elle, comment j'ai j'ai reçu la lettre d'hier ; mais puiſque je l'ai pû recevoir, je dois vous la rendre. En me diſant ce peu de paroles, elle mit dans mes mains un papier, & fut ſe placer auprès de la Comteſſe, ſans qu'il me fût poſſible de la rejoindre. Mon embarras étoit grand ; je flottois entre le chagrin & le doute, j'avois peine à me perſuader ce qui m'arrivoit, & qu'elle m'eût rendu ma lettre : je ſortis pour m'en aſſurer ; & quand je me vis ſans témoins, j'ouvris avec précipitation ce papier. Que devins-je ! c'étoit une réponſe de l'objet de mon amour dans ces termes.

» Votre lettre m'a jettée dans
» un trouble que je ne puis
» dire ; en la liſant, des mou-
» vemens nouveaux pour moi,

» une eſpèce de ſurpriſe s'em-
» paroit de mon cœur ; je n'ai
» jamais rien lû de pareil. De
» l'amour ! il y a du bonheur à
» aimer. Je l'ai toujours penſé,
» quoique je n'en euſſe qu'une
» idée imparfaite, & vous m'en
» parlez avec une vivacité qui
» me le perſuade ; mais cette
» vivacité m'étonne : il vous
» eſt donc permis de dire li-
» brement ce que vous ſentez ?
» comment l'accorder avec les
» bienſéances & la réſerve dont
» on m'a ſi ſouvent parlé ? Je
» ne dois ſeulement pas vous
» dire que vous m'avez plû la
» premiere fois que je vous vis,
» & vous m'en dites mille fois
» davantage. Sans doute il faut
» ſe contraindre, quoique je
» ne comprenne pas comment
» ce qui fait plaiſir d'un côté,

» puisse de l'autre devenir une
» faute. Il me semble que dans
» l'entrevûe que vous me de-
» mandez, vous sauriez me
» tranquiliser, vous m'expli-
» queriez la cause de l'émotion
» que vous me montrez, &
» que j'ai peut-être partagée ;
» je vous croirois : mais je ne
» songe pas que cette entrevûe
» seroit une faute encore plus
» grande. «

ELEONORE.

Je n'ai point d'expressions pour peindre ma joie à cette lecture : ma chere Eleonore s'en apperçut quand je rentrai dans l'Appartement ; mais je ne pus lui parler. Le jeu étoit fini ; & le Baron fit une autre partie avec Mademoiselle de Mongol ; de sorte que la Comteſſe & moi nous reſtâmes à nous-mêmes. J'ai oublié de dire que cette Dame n'avoit pas guéri à me voir, de ſon inclination pour moi ; c'étoit nouvelle agacerie de ſa part tous les jours, & nouvelle raiſon de me montrer reſervé : ce jour-là fut encore plus malheureux pour elle. La ſatisfaction nous fait faire des choſes extraordinaires, & auſquelles nous n'aurions jamais penſé. Me trouvant à ſes côtés, & engagé à l'entretenir, je ne ſçai ce qui m'excita à lui dire de ces bagatelles amuſantes, qui conſiſtent dans un pur badinage de l'eſprit, & qui ſans être des douceurs, leur reſſemblent. Il eſt vrai que tout autre que moi, auroit pû, avec la même indifférence, lui tenir le même langage ; c'eſt un tribut que l'on paye ſans conſéquence aux jolies femmes, & qui ne les oblige pas plus à nous croire épris, que nous à les aimer. Mais on ſe ſouvient peu des uſages quand les paſſions parlent; les moindres apparences ſe tournent en réalités. Madame de Mongol vouloit que je l'aimaſſe, & elle prit mes louanges ſur ſa beauté, pour une déclaration; rien de ſi tendre que la façon dont elle me répondit: Je me reprochai vivement dans la ſuite d'y avoir donné lieu, & de voir mes fleurettes trop bien payées. Le trouble m'empêcha de répliquer; la Comteſſe le prit pour une ſuite de mon amour; & nous allions nous trouver dans le plus grand embarras du monde, quand un coup à juger entre Eleonore &

le Baron, vint me tirer d'affaire. Je me tins ſpectateur le reſte de la partie ; & quand nous ſortîmes, je laiſſai la mere & la fille perſuadées toutes deux que je les aimois.

Je rentrai chez moi dans l'agitation que l'on peut ſe figurer : comment faire, me diſois-je alors ? dois-je flatter l'erreur de la Comteſſe, ou l'en tirer cruellement ? Malheureux que je ſuis ! mon imprudence m'a perdu. Si je lui déclare ſans détour que je ſuis inſenſible à ſes bontés, & que je ne puis y répondre, il n'y a plus d'Eleonore pour moi ; l'amour mépriſé ſe change en haine, n'eſpérons pas d'obtenir un bonheur dont ſa jalouſie devra me priver ! Pourrois-je m'avilir par un partage honteux de mon cœur? ... La ſeule idée m'en fait frémir; je ſçai que dans des ſiécles où les mœurs & la pudeur étoient proſcrites, on a vû des hommes aimer à la fois pluſieurs objets liés par le ſang. Mais l'horreur que de pareils monſtres ont inſpirée, m'eſt-elle néceſſaire pour me détourner d'actions ſi infâmes? La nature n'eſt pas plus forte que mon amour; cet amour pur, ſouffriroit-il ſeulement que je m'abaiſſaſſe à une indigne feinte?

Bien des réflexions m'amenerent à penſer qu'il n'y avoit d'autre remede à mon malheur qu'un tête-à-tête avec Eleonore. Ce tête-à-tête que je déſirois ſi ardemment, devint à mes yeux une reſſource: c'eſt ainſi que nous prenons ſouvent notre cœur pour la raiſon. Dubois m'avoit gagné Juſtine, femme de chambre d'Eleonore. Cette fille remit à ſa maîtreſſe une lettre où j'inſiſtois ſur la néceſſité de nous voir, & où je lui marquois que le bonheur de ma vie en dépendoit, par les détails dont elle ſeroit informée. Juſtine me ſervit bien, & leva tous les ſcrupules; la ſeule difficulté qui reſtoit ſur les moyens de procurer ce tête-à-tête, fut bientôt écartée. Je ne ſortis point ce jour-là, ayant prétexté une indiſpoſition : Juſtine & Dubois furent nos Couriers; je reçus cette Lettre d'Eleonore.

» Me laiſſerez-vous long-tems
» ignorer ce qui m'a empêché
» de vous voir aujourd'hui? il
» y a moins de curioſité que
» d'interêt

» d'interêt dans mon inquié-
» tude. Vous me mandez que
» le bonheur de votre vie dé-
» pend de ma préſence, &
» vous me fuyez, tandis qu'il
» ne tient qu'à vous de paſſer
» tant de momens auprès de
» moi. Si dans le cercle il n'eſt
» pas permis de dire tout ce
» qu'on voudroit, du moins
» on eſt enſemble, on ſe voit,
» on lit dans les yeux ce que
» la bouche n'exprimeroit que
» foiblement. Ah ! que vous
» entendez mal votre bonheur!
» Je ne conſens à l'entrevûe de
» ce ſoir, que pour vous faire
» les reproches que mérite vo-
» tre abſence.

A minuit, je me rendis à une porte du Jardin de l'Hôtel d'Eleonore : Juſtine m'y attendoit; elle me conduiſit dans l'obſcurité à l'appartement de sa Maîtresse. J'entre, & je la vois : mon premier mouvement fut de me jetter à ses pieds ; elle me releva, & me fit asseoir à côté d'elle. Je lui dis que Madame de Mongol étoit sa rivale, elle en fut surprise ; mais les vives assurances de ma passion ne la laisserent pas long-tems dans cet état. Voilà, lui dis-je, ce qui m'a résolu à me priver de vous voir ; dois-je être la victime de ma constance ? c'est l'amour qui fait mes peines, c'est à l'amour de m'en dédommager ; qu'il promette de me payer, ajoutai-je, en lui donnant un baiser : ce baiser fut le plus délicieux de ma vie. Mais, me dit avec un sourire Eleonore, en me repoussant, il me semble que vous vous payez par vos mains : ce ne ſont, lui dis-je, que des à compte, ſur une dette conſidérable. L'enjouement ſe mit de la partie pour quelques inſtans ; la tendreſſe reprit le deſſus. Jamais Mademoiſelle de Mongol ne m'avoit paru ſi touchante ; l'art ne plaît qu'autant qu'il ſe raproche de la Nature. Son déſhabillé laiſſoit voir une gorge à demi-nuë, une robe ouverte n'empêchoit point d'admirer ſa taille, ſes cheveux étoient en déſordre ; ce ſpectacle m'animoit, & faiſoit couler dans mon cœur le feu des déſirs, la diſcrette Juſtine s'étoit retirée.. Que je devins tendre & paſſionné ! la vérité des ſentimens que j'éprouvois paſſoit dans mes diſcours : on n'a jamais le don de la parole à un plus haut degré, que lorſqu'à la place des paroles, on pourroit employer quelque choſe de mieux. A mes louanges, à mes ſermens de l'aimer toujours, je mêlois les plus vives careſſes ; je la couvrois de mes baiſers, ſon émotion augmentoit avec la mienne ; elle m'aimoit, j'en prenois l'aveu ſur ſa belle bouche. Je me rejettai à ſes genoux, poſture favorable à l'amour, inventée pour prouver le reſpect, & qui ſert à en manquer le plus ſouvent. Bientôt je me relevai, & la ſerrant dans mes bras, je tentai de nous rendre heureux. Quels obſtacles j'eus à combattre ! la Nature, de précieuſes larmes, & ma propre douleur ; Eleonore étoit ſans vie. Auſſi cruel qu'Atis, qui fit périr ce qu'il aimoit, mon délire me fit croire que je ſerois tendre en manquant de pitié ; je mis le comble à mon crime : Eleonore reprend l'uſage des ſens , elle ouvre les yeux & les referme ; ſes plaintes & ſes careſſes , nos ames & nos corps ſe confondent.

Ses beaux yeux ſe r'ouvrent , la volupté s'y étoit fixée en nous quittant , le pur amour y régnoit ; un reſte de fierté ſe réveille dans ſon cœur , elle ſoupire , elle veut ſe dégager de mes bras , & rompre les nœuds qui nous uniſſent. Je fais des efforts pour me conſerver ma conquête ; elle céde , & partage avec moi le plaiſir de mon nouveau triomphe.

Mes ſuccès réïtérés parloient en ma faveur ; Eleonore ne faiſoit plus de réſiſtance que ſa foiblesse ne la trahît : enfin convaincue de la réalité de mes feux, ne pouvant contraindre les siens, elle me montra son ame entiere. Ciel! que de noms tendres me furent prodigués! avec quelle ardeur elle alloit audevant de mes transports! quels jeux & quels contentemens! que l'école du bonheur est douce & facile!

Il n'y a point de plaisir plus grand que celui que deux cœurs savourent dans le même instant au même degré. Ce plaisir est comme une voix harmonieuse, qui, dans un lieu rempli d'échos, augmente à mesure qu'elle est répetée. Mais pourquoi épuiser mes foibles crayons sur cette matiére? c'est au sentiment seul de peindre le plaisir.

Eleonore n'avoit plus de charmes qui ne m'appartinssent ; les plus secrettes beautés étoient la proye de mes yeux, je reconnoissois, que dis-je ? je possédois tout ce que ces mêmes yeux avoient dévoré le soir du spectacle nocturne ; je réalisois les idées que j'avois conçues alors, je contentois des desirs passés & présens ; toutes mes facultés se réunissoient dans un seul point ; je n'étois plus capable que de sentir.

Cher Amant, me dit Eleonore, quelque délicieuse que soit l'yvresse où tu me plonges, suspens l'excès de ton ardeur, je ne puis y suffire, laisse-moi goûter ma félicité ; c'est d'aujourd'hui que je commence à vivre, le voile qui obscurcissoit mes yeux est tombé. Voila donc ces plaisirs des sens qu'on m'ordonnoit de craindre, & dont on fait de si fausses peintures! serions-nous seuls à connoître ces charmans plaisirs? où comment se peut-il que les hommes soient contraires à eux-mêmes au point de se les interdire?

Ma chere Eleonore, lui dis-je, la folie & la vanité ont bien des traits de ressemblance, & souvent les mêmes effets; il y a des hommes assez fous pour se priver de la vie: il y en a eu d'assez vains, & d'assez fous à la fois, pour imaginer que les plaisirs, ces causes & ces liens de la vie, étoient des maux. Il leur a paru beau de séparer l'homme de l'homme, & de le réduire à la classe des Etres insensibles. Plus un sistême est absurde, & plus il semble divin à des yeux fanatiques; mais ce ſiſtême de deſtruction des plaiſirs, eſt auſſi inſenſé que le ſeroit le projet de vivre ſans reſpirer l'air qui nous environne, ou qu'il le ſeroit de défendre à un corps ſonore de réſonner quand il reçoit des vibrations. L'Auteur de notre être nous a donné des beſoins à ſatisfaire, notre conſervation en dépend, il a attaché des plaiſirs à remplir nos beſoins, s'il trouvoit mauvais que nos cœurs ſe livraſſent à ces plaiſirs néceſſaires, il voudroit en même-tems que nous fuſſions & que nous ne fuſſions pas; il renverſeroit les loix de notre exiſtence, il condamneroit dans nos déſirs, des flâmes qu'il a lui-même allumées. Auſſi voyons-nous que les idées contraires, empruntées du Stoïciſme, ont très-peu de cours. Nous avons toujours les mêmes organes, & les mêmes passions ; le monde n'a point changé, preuve certaine qu'il ne devoit point changer. Ce qu'il y a de plus remarquable, c'est que les défenseurs de ces chimeres morales, sont inutiles, & même à charge à la Société ; fourbes, avares, méchans, vindicatifs, mille fois plus imparfaits que ceux dont ils font des censures améres, & pour comble d'imposture, en fait des plaisirs de tous les genres, & de rafinemens étudiés, ils démentent en secret leurs opinions fastueuses par une pratique constamment opposée.

La nuit finissoit ; il ne falloit pas que l'Aurore sût rien de nos voluptés ; je les couronnai par l'adieu le plus tendre & le plus expreſſif ; & je m'arrachai aux délices qui me retenoient, après être convenus que nous nous reverrions la nuit ſuivante. A peine rendu chez moi, un ſommeil tranquille enchaîna mes ſens, ce ſommeil, récompenſe des travaux & reſſource des plaiſirs. Je me réveillai avec le ſouvenir & l'attente des biens dont l'amour m'avoit rendu poſſeſſeur. Ces idées m'occupérent tout le jour, & furent les compagnes agréables de ma ſolitude. Juſtine m'avoit remis la clef du Jardin ; à l'inſtant marqué, je volai dans les bras de ce que j'aimois ; nous ne nous étions point vus, nous avions ſongé l'un à l'autre tout un jour ; c'étoit un fond inépuiſable de tendreſſe. Eleonore s'étoit couchée ; elle s'élança à moitié du lit vers moi, nous nous ferrâmes, nous reſtâmes muets; le cœur s'accommode de cette façon d'exprimer ſon amour.

Il y gagne plus qu'on ne penſe;
Par un aimable changement,
Il trouve dans le ſentiment
Ce qu'il perd avec le ſilence.

Le ſeul langage des ſoupirs fut notre interpréte, nos ſens s'égarerent, nous nous livrâmes à leurs erreurs; nous tombâmes dans cette extaſe qui fait mourir, revivre, & mourir. Je brûlois de partager le lit d'Eleonore : elle y conſentit; je me deshabillai avec une vivacité extrême, je me précipitai aux côtés de ma chere Maîtreſſe. On peint, on ſculpte les graces nues; mais ce n'eſt que de la toile ou de la pierre; il faut pour connoître ce qu'elles étoient, posséder comme moi un beau corps sans défauts & sans voile, & que l'amour en soit l'ame. Nos ravissemens recommencerent, & changerent pour nous, par une succession rapide, les heures en momens. La continuité de ces épanchemens de nos cœurs ne doit pas étonner. On n'a feint l'Amour immortel, que parce que les feux qu'une vraie tendresse anime, sont une source intarissable de plaisirs, dans les commencemens d'une passion.

Quand nous eûmes diversifié nos amusemens en assez de manieres pour que d'autres eussent cru, dans les mêmes circonstances les avoir épuisés, nous passâmes à ces charmans entretiens que l'esprit d'Eleonore me faiſoit adorer, & où ſon ame ſe déployoit, ſérieuſe & enjouée, grande & naïve tour-à-tour. Apprens-moi, me dit-elle, pourquoi je t'ai cédé ſi promptement & ſans honte; pourquoi ce fantôme de pudeur, en s'éloignant de moi, ne m'a point laiſſé de remords. La ſatisfaction que je goûte eſt pure & ſans mélange de trouble; ton bonheur & le mien ſont devenus les Dieux & les loix de mon cœur; les ſentimens qui s'oppoſoient à ce que je t'ai accordé, ne m'ont été de quelque prix, que parce qu'ils ont augmenté la douceur du ſacrifice que mon amour t'en a fait. Divine Eleonore, lui répondis-je, vous faites ſans y ſonger le plus digne éloge de nos plaiſirs; leur pureté, l'impreſſion qu'ils laiſſent, prouvent l'excellence de leur nature, on les reconnoît à leurs traces. C'eſt ainſi que nous jugeons des cauſes, par les effets qu'elles produiſent ; d'une action généreuſe & belle, par l'émotion intérieure & flatteuſe qui lui ſuccéde. Nous n'avons pas d'autres régles ni de plus ſûres pour nous conduire ; régles inaltérables & ſévéres, qui proſcrivent ſans détour tout ce qui eſt contraire au bien ; & qui ſont en même-tems les loix & la peine de quiconque les bleſſe. Pour nous, qu'avons-nous fait que d'accepter des biens que la nature nous conſeille & nous donne ? L'ordre civil qui ne s'accorde pas chez toutes les Nations avec ces idées primitives, n'eſt autre choſe que des conventions entre les hommes ; ces conventions peuvent être changées, & ne durent qu'autant que les volontés qui en ſont les fondemens. C'eſt à cet ordre civil, introduit par la force & l'interêt, qu'il faut rapporter l'origine de tous les préjugés dont on charge notre enfance ; l'ame encore ſimple en eſt imbue ; inſenſiblement ils ſe tournent en ſa propre ſubſtance ; delà vient ce trouble paſſager, cette pudeur que vous avez craint, & qui n'étoit, comme vous l'avez dit, qu'un vain fantôme que rien ne ſuivoit. La véritable pudeur, celle qui doit être ſi précieuſe aux hommes, eſt un mur entre la vertu & le crime.

Ma Philoſophie rouloit preſque toujours ſur des matiéres qui

qui avoient rapport au ſentiment. Emporté par la chaleur avec laquelle je ſoutenois mes opinions, je me trouvai engagé à prouver par des exemples nouveaux la bonté de ma morale ; j'en mis dans le cœur d'Eleonore une conviction parfaite, je jouis du bonheur de lui voir adopter toutes mes idées, & de nous rencontrer juſtes dans les points les plus importans. Ainſi finit la ſeconde nuit. Rien ne manquoit à mon bonheur ; & je ne faiſois des vœux que pour le voir aſſuré ; mais ce bonheur eſt d'une nature fragile, & l'on verra dans la ſuite quels incidens en vinrent troubler la poſſeſſion.

Fin de la premiere Partie.

LES SONNETTES, OU MEMOIRES DU MARQUIS D**.

NOUVELLE EDITION

Corrigée & augmentée de Piéces neuves & intéressantes, avec de jolies figures en Taille-douce.

SECONDE PARTIE.

A BERG-OP-ZOOM.
Chez F. DE RICHEBOURG.

1751.

LES

SONNETTES,

OU

MEMOIRES

DE MONSIEUR

LE MARQUIS D***.

SECONDE PARTIE.

EST-IL besoin de traverses pour goûter le repos, & ne pouvons-nous être heureux qu'au dépens de notre bonheur? une fâcheuse expérience nous apprend qu'il faut s'éloigner de ce qui nous eſt le plus cher, pour qu'il nous le ſoit long-tems. Mais qui peut ſe ſoumettre à cet exil volontaire ? un cœur accoutumé aux ſenſations vives, craint de les voir finir ; il ſaiſit tout ce qui a rapport à elles, & ſes propres ardeurs le conſomment.

A l'heure marquée, je m'étois rendu à l'appartement d'Eleonore : je l'entrevois dans l'obſcurité, je vole dans ſes bras, & ſans dire une parole, je me plonge en un fleuve de délices ; nous répétons de ſi charmans accords ; nos ſens & nos déſirs font un concert parfait. Enfin je veux entretenir l'objet de ma flâme, ſes réponſes ne ſont que des ſoupirs ; je preſſe, je prie, de nouveaux ſoupirs ſont l'effet de mes inſtances. Mon émotion redouble ; voulez-vous me déſeſpérer, cruelle Eleonore, lui dis-je, tout hors de moi-même ? pourquoi vous obſtiner à me cacher votre chagrin ? en ſerois-je la cauſe ? vous ne dites rien...... je n'en puis douter, je fais votre malheur ; je ſuis indigne de vivre, ajoutai-je, en me jettant à ſes genoux avec précipitation. Ma chere Maîtreſſe étonnée de tant de vivacité, craint que je n'en veuille à mes jours ; elle veut ſaiſir mon épée, au lieu d'elle un objet moins cruel ſe trouve dans ſes mains : la porte de l'appartement s'ouvre, Ciel ! Eleonore entre elle-même ! je l'apperçois à la lumiére d'une bougie, & nous reſtons tous trois pétrifiés.

On devinera peut-être que la fausse Eleonore n'étoit autre chose que Justine : Cette fille, par une présence d'esprit admirable, nous tira d'embarras. Venez, dit-elle, avec un grand éclat de rire, venez, Mademoiselle, m'aider à sauver le Marquis de sa propre fureur ; il arrivoit, il m'a prise pour vous, il m'a vivement pressée, & il n'eût tenu qu'a moi de faire les plus belles choses du monde ; que vous êtes venue à propos ! il alloit se tuer dans son désespoir, j'ai tenté de l'en empêcher. Mais que penser, dit Eleonore, de l'état extraordinaire .... Eh ! Mademoiselle, répliqua Justine, voudriez-vous me reprocher une faute, quand j'ai voulu faire une bonne action ? l'intention justifie tout, & je vous assure, ajouta-t-elle, en me regardant, que je ne me repens de rien, l'obscurité est la cause de la double méprise que nous avons faite. Vous êtes une folle, dit Eleonore, & le Marquis est encore plus fou, je devrois m'offenser : & vous ne le pouvez, dit en sortant Justine.

Je me remettois de mon trouble, je faisois à Eleonore de tendres plaintes du retardement qui avoit occasionné mon erreur & sa surprise. Il ne m'a pas été possible de faire autrement, dit-elle, le souper a été plus long que je n'avois cru, & j'ai compté avec ennui tous les momens qui me séparoient de vous ; si j'avois feint une indisposition, Madame de Mongol seroit peut-être venue ici, &

nous aurions été perdus. C'est ainsi que ma chere Eleonore s'excusoit de ce qui m'avoit rendu coupable. Je me reprochai à mon tour d'employer si mal de si précieux momens ; cette idée, à ce qu'il me sembloit, devoit réveiller toute ma sensibilité. Je parus empressé, vif, insatiable ; j'excitai dans mon cœur les transports ; l'imagination me fournit des ressources pour la premiére fois ; j'eus des plaisirs bien inférieurs à ceux que j'avois jusqu'alors éprouvés ; les productions de l'art portent toujours un caractére de foiblesse. Je commençai, par une triste Philosophie, à distinguer les désirs qui naissent des besoins, d'avec les simples désirs : les premiers nous rendent infailliblement heureux ; les derniers nous empêchent de l'être. Ils proviennent du regret & du ſouvenir qui nous mettent ſans ceſſe devant les yeux les biens dont nous avons été poſſeſſeurs ; l'eſprit qui embraſſe leurs chimeres, croit remplacer ce qu'il a perdu ; il ſe replie ſur lui-même, & tous ſes efforts ne parviennent jamais à nous donner cette ſatisfaction pleine & entiére, qui eſt l'ouvrage du cœur : cependant, par une inconſéquence marquée, on ne ſe rend point aux épreuves ; on ſe trouve réduit à l'ombre de la volupté, à ces émotions paſſagéres & momentanées, qui troublent plus qu'elles n'affectent ; à ces dédommagemens puériles, auſquels une perſonne raiſonnable ne peut s'arrêter long-tems : le bonheur, qui eſt une matiére ſi ſérieuſe, devient un badinage frivole. Je me ſauvai d'un pas auſſi dangereux à la faveur de l'enjoûment & des bagatelles ; ne pouvant conſerver une figure conſtante, je fus un Protée pour l'amuſement. Léger & ſuperficiel, je ne fis que voltiger, & prendre la fleur des ſujets, ſans qu'Eleonore pût m'amener aux raiſonnemens ſolides. C'eſt pourquoi je ne dirai rien des entretiens de cette nuit, dont la fin me débarraſſa d'un perſonnage aſſez difficile.

Le matin, j'étois encore au lit, quand je vis entrer dans ma chambre Juſtine, qui ſous le prétexte de quelques livres de muſique, venoit me rendre viſite. Vous êtes étonné, me dit-elle, Monſieur, de ma démarche; mais puis-je être en repos depuis qu'un amour inſenſé me tourmente? je me ſuis efforcée inutilement de rappeller mon peu de raiſon, vous ne pourrez me rien dire que je n'aye eu le chagrin de penſer; votre idée eſt la plus forte, je l'ai combattue par ce qui m'étoit le plus ſenſible, juſques-là que j'ai favoriſé votre goût pour Mademoiſelle de Mongol, & vous avez cru que vous en deviez le ſuccès aux ſoins de Dubois. La même folie m'a fait changer tout d'un coup d'objet, quand je me vis hier ſeule avec vous; je crus pouvoir guérir & me dégager, par ce qui m'a plus attachée encore: je ſuis la victime de ma paſſion, & ſans doute de votre mépris.

Que n'ai-je plus d'eſprit, pour vous exprimer plus de tendreſſe! peut-être réuſſirois-je à éxciter du moins votre pitié, & à vous prouver que dans les conditions les plus viles, on trouve ſouvent des cœurs dignes de l'amour. En diſant ces paroles, elle fondoit en larmes : peut-on voir de pareilles ſituations ſans attendriſſement? d'ailleurs Juſtine ne manquoit pas de beauté ; tout autre, comme moi, eût été émû ; je l'attirai ſur mon lit, j'eſſuyai ſes pleurs, je lui montrai tout l'effet qu'elle pouvoit faire ſur moi ; enfin elle auroit eu lieu d'être contente, ſi mes ſoins pour la conſoler n'euſſent été de nature à l'attacher davantage. Je ſens, me dit-elle, que la pure généroſité vous intéreſſe à mon chagrin : pourquoi ce chagrin a-t-il tant de pouvoir ſur mon eſprit ? je devrois y être accoutumée ; ma vie n'a été qu'un tiſſu de malheurs. Ces derniéres paroles irritérent ma curioſité, & je la preſſai de me dire ſon hiſtoire, ce qu'elle fit à peu près en ces termes.

Mon pere étoit un riche Laboureur des environs de Straſbourg, qui m'avoit élevée conformément à mon état. On diſoit qu'entre les filles de notre Village, je n'étois pas celle qui manquoit le plus d'agrémens & de vivacité. J'avois quinze ans, & un jeune homme de ma ſorte me recherchoit en mariage, quand le Prince Charles de Lorraine paſſa le Rhin : notre maiſon fut pillée par un Parti ; mon pere, & tous nos gens furent massacrés : quelques Soldats, me trouvant à leur gré, par malheur, me conserverent ; je fus leur proye, épargnez-moi le reste. Pendant qu'ils dormoient ensevelis dans le vin, je me sauvai, & je quittai en pleurant ma pauvre Patrie ; j'avois quelque argent, ce fut une ressource dans mon infortune. Je fus de Bourg en Bourg assez avant dans le pays ; & quand je me crus en sûreté, il me survint un autre embarras, je ne sçavois que devenir. J'avois entendu parler de Paris, comme d'une Ville grande & riche ; je résolus d'y aller : peut-être, dis-je, la Providence, qui prend soin des malheureux, m'y prépare-t-elle un sort que je n'attends pas. J'arrivai avec bien de la peine à Paris ; le bruit &

les embarras qui y regnent toujours, cette foule d'Habitans, ſi différens entr'eux, tout m'étonnoit ; j'étois perdue dans ce tumulte. Après avoir long-tems marché dans des rues qui me ſembloient immenſes, mes forces m'abandonnoient, & je regardois de tous côtés, comme une perſonne qui ne ſçait ou donner de la tête. La Providence voulut que mon habit étranger attirât ſur moi les yeux d'une Dame bien vétue : après m'avoir quelque tems conſidérée, ſans doute qu'elle prit interêt à ma figure, & en s'approchant de moi ; que cherchez-vous, me dit-elle, ma belle enfant, vous me paroiſſez dans l'inquiétude, puis-je vous en tirer ? Hélas ! Madame, lui répondis-je en aſſez mauvais François, je ſuis de bien loin d'ici, & je n'y connois perſonne, vous êtes la premiere à qui j'aye encore parlé; ce qui m'a fait quitter mon pays eſt trop long pour vous le raconter, & me feroit trop de peine, ajoutai-je en pleurant. Eh bien, me dit cette Dame, venez chez moi, je tâcherai de vous conſoler, & nous demeurerons enſemble tant que vous le voudrez. Je ſerrai les mains de la Dame inconnue, & je la ſuivis. Nous entrâmes à deux pas de-là dans une maiſon dont les appartemens étoient des plus brillans; je me voyois de tous côtés dans les glaces: quelle comparaiſon avec les meubles de nos maiſons ruſtiques! Je vis pluſieurs autres Dames parées extraordinairement, & quelques hommes avec elles ; on m'entoura, on se mit à m'examiner avec une attention qui me fit rougir. On me tournoit comme quelque chose de curieux qu'on n'a jamais vu. Les femmes dirent tout haut les défauts que j'avois ; les hommes me trouvérent jolie, & félicitérent ma protectrice de l'acquisition qu'elle avoit faite. Un d'eux voulut me caresser & me dire quelques paroles ; mais la Dame, qui m'avoit introduite, l'écarta, & me fit sortir pour me conduire à une petite chambre éloignée, où elle me laissa, après m'avoir dit qu'elle me reverroit dans la journée, & que je ne manquerois de rien. Une vieille fille quelques momens après m'apporta à manger ; je lui demandai où j'étois : comment, dit-elle, vous ne ſavez pas que vous êtes chez Mademoiſelle C . . . . . Doyenne des Chœurs & Conſeil de l'Opéra! c'eſt ici un des meilleurs Bureaux de Paris; votre fortune eſt faite, ſi notre Maîtreſſe vous prend en affection, comme il le paroît : elle m'a recommandé d'avoir de vous tous les ſoins poſſibles.

Cette fille me fit des queſtions; elle ſembloit s'intéreſſer à moi, je lui racontai mon hiſtoire ſans déguiſement. De tems en tems elle levoit les yeux & les bras au Ciel, & me montroit autant d'étonnement que de pitié. Elle m'avoit cru toute neuve ſur de certaines matiéres. Ma chere fille, me dit-elle, béniſſez le Ciel de vous avoir adreſſée à une auſſi bonne maiſon;

je vous rendrai ce que vous avez perdu, & je vous le rendrois tout autant de fois que vous le perdriez, sachant votre malheur, & vous aimant comme je fais. Avez-vous conté à Mademoiselle C .... ce que vous venez de me dire ? non, répondis-je, je ne l'ai vue que deux momens. Fort bien, reprit-elle, dites-lui tout, excepté l'histoire des Soldats; que cela soit toujours caché; elle ne vous regarderoit plus, & changeroit absolument de vues sur votre compte. La charitable Duclos, (c'étoit son nom,) me donna bien d'autres instructions, telles que vous pouvez imaginer : elle tira enfin de sa poche un spécifique qu'elle portoit, dit-elle, toujours, & elle me remit en même & pareil état qu'auparavant l'irruption du Prince Charles en Alſace. A peine étoit-elle ſortie que ce jeune homme dont j'ai parlé, & qui avoit été ſéchement rebuté par la C.... entra furtivement dans ma chambre, & vint ſe jetter à mes genoux. Cela me ſurprit : quelle offenſe m'avez-vous faite, lui dis-je, pour m'en demander pardon ? ma naïveté augmenta ſes tranſports ; il me baiſoit ardemment les mains, la bouche & les yeux ; je ne pus m'empêcher de ſoupirer de plaiſir. Devenu plus entreprenant par mon trouble, il m'engagea à m'aſſeoir ſur une chaiſe longue, & détruiſit, non ſans peine, mais entierement l'ouvrage du ſpécifique. Il alloit récidiver quand la Duclos rentra, & furieuſe de ce qu'elle voyoit, elle penſa lui arracher les yeux. Ils commencerent une diſpute où ils ſe rendirent juſtice l'un à l'autre: enfin il ſortit, avec promeſſe de revenir accompagné, pour faire un tapage convenable. Quand la Duclos n'eut plus d'objet ſur qui elle pût répandre ſa bile, elle tourna ſon humeur contre moi, & me traita comme mon imprudence le méritoit. Depuis qu'elle étoit entrée, je ne ceſſois de pleurer; à la fin elle s'appaiſa, elle me rendit ſes bontés, le ſpécifique, & la faculté de perdre une troiſiéme fois ce que j'avois ſi peu gardé. J'étois ſeule, & livrée à mes réfléxions, quand Mademoiſelle C.... vint me revoir; je lui détaillai avec ſimplicité les malheurs qui avoient affligé mon pays. Elle parut auſſi touchée que l'avoit été la Duclos, & me dit de compter ſur ſon amitié, pourvu que je fuſſe docile à ſes conſeils : par exemple, ajouta-t-elle, je vous préſenterai ce ſoir à un Prélat de la plus grande conſidération, un homme de bien, qui eſt en état de prendre ſoin de vous, & qui le fera ; mais ce ne peut être qu'au prix de votre ſoumiſſion ; il faut avoir les derniéres complaiſances pour un homme dont on attend tout ; ainſi préparez-vous à ſouffrir ſans murmure ce qu'il exigera ; vous me remercirez mille fois des conſeils que je vous donne. Elle appella enſuite la Duclos ; on m'apporta le plus beau linge, je fus parfumée & ajuſtée. Quand on eut mis mes charmes dans tout leur avantage, la C.... me conduiſit à un appartement que je n'avois point encore vu ; nous y attendîmes quelque tems : enfin le Prélat arriva par une porte qui donnoit ſur un eſcalier dérobé. C'étoit un grand homme, beau & bien fait, parlant bien, & ſe préſentant de même, malgré ſon état, qui admet rarement les graces. J'ai ſçu depuis qu'il avoit été Capitaine de Dragons; ſon air militaire perçoit au travers des bienſéances auſquelles il avoit été forcé de s'accoutumer. Au reſte, il étoit homme de Cour ; ſa richeſſe & ſon ambition l'y avoient conduit ; & ſon eſprit qu'il avoit fait connoître, l'y ſoutenoit. Il devoit beaucoup aux femmes ; amuſant, enjoué, entreprenant, né pour l'intrigue, il faiſoit ſervir ſes plaiſirs à ſes autres paſſions. Vous ſerez peut-être en peine de ſçavoir d'où je l'ai ſi bien connu, vous le verrez bientôt. Il dit mille choſes fines & agréables à la C .... mille autres encore plus flatteuſes ſur ma beauté. La C.... ſortit pour ordonner le ſouper : l'adroit Prélat ſaiſit l'occaſion ; & ſans perdre le tems en vains préludes, il mit en œuvre avec moi des talens peu communs. Je jouai à merveille la ſurpriſe, la crainte, les cris & les larmes ; nous naiſſons Comédiennes ; une ſeule répétition développe notre art, & nous fait imaginer tout ce qu'il faut pour faire illuſion. De ſon côté le Prélat trouvoit à la piéce un nœud plein de difficultés, qui rendoient la ſituation des plus intéreſſantes. Enfin de la terreur, je paſſai à l'attendriſſement,

tendrissement, & ce fut le signal du dénouement, qui nous satisfit à un point égal tous les deux : il y prit plaisir ; & sans sortir du théâtre, nous jouâmes un autre morceau, qui tenoit plus du comique tendre que du premier. La C .... qui s'annonçoit de loin en chantant, rentra ; elle lut dans les yeux de son Convive un plein contentement, & fit servir aussi-tôt le souper : il fut des plus fins, sans doute ; mais je n'y connoissois rien encore, & je mangeois sans réflexion. Vous pensez bien que Justine, Villageoise & Alsacienne, parla fort peu ; en revanche je laissai dire à mes yeux tout ce qu'ils voulurent : je sourioís, ou je soupirois assez à propos pour enflâmer mon nouvel Amant, que la C .... entretint de reſte. Avant de ſe lever de table, ils conclurent le traité ſuivant lequel j'appartenois au Prélat : il nous quitta enchanté de ſa bonne fortune. La C.... me mit dans une chambre voiſine, qu'elle me dit être la mienne : je tombois des nuës, je n'avois jamais eu de rêve pareil ; cette chambre étoit auſſi belle que les appartemens qui m'avoient ſurpriſe en entrant. Je dormis dans un lit magnifique, & meilleur encore. Le lendemain la C.... me réveilla en m'apportant un écrain de pierreries, dont elle m'enſeigna l'uſage ; mon Amant me les envoyoit. Je me levai, on prit ſur moi la meſure d'un habit ſuperbe que je mis dès le ſoir même. J'eus des Maîtres de muſique, de danſe, & tous ceux enfin qui ſont néceſſaires pour ſuppléer à l'éducation du Village, & pour enſeigner les bagatelles agréables qui forment les femmes. Que vous dirai-je? dans ſix mois leurs leçons, & celles de l'habile C.... la converſation de mon Amant, ces ſoupers délicats, l'envie de plaire, qui nous eſt ſi naturelle, me rendirent telleque je croyois avoir changé d'être. Le Prélat étoit tendre & conſtant; je répondois à ſes ſentimens, parce que je ne voyois que lui. La C.... née pour prêcher la friponnerie en amour, & les infidélités, fut Religieuſe au point de ne faire aucune infraction au traité; choſe qu'on ne verra de long-tems, & qui ne tire point à conſéquence. L'Evêque jouit du privilége excluſif dans toute ſon étendue; il s'attacha ſérieuſement à moi ; mais par une fatalité jointe à mon ſort, il fut obligé de quitter Paris, pour aller réſider à Ct. Il m'en fit part, & à la C .... on n'imagina qu'un ſeul expédient pour me conſerver à ſa tendreſſe, ce fut de me traveſtir en homme; j'acceptai ſans balancer : l'Evêque fit lui-même cette vêture, plus agréable pour lui qu'aucune autre cérémonie. Le jour fixé pour mon départ, après avoir remercié la C .... à qui je croyois avoir les plus grandes obligations, je dis adieu en Cavalier à cette fille, chez laquelle j'avois ſi ſouvent changé d'état. Je ſuis brune, mon teint me ſervoit dans cette circonſtance. Je paſſai dans le voyage, & en Province pour le Valet de chambre de ſa Grandeur ; mais il fut plus le mien que je ne fus le ſien. Ma chambre étoit à côté de la ſienne, à cauſe des emplois que j'avois auprès de lui. Que je lui faiſois aimer la ſolitude ! il paſſoit avec moi bien des jours que l'on croyoit donnés aux affaires, & toutes les nuits que l'on croyoit qu'il paſſoit ſeul. Notre ardeur nous trompa, de quelques ménagemens que nous euſſions fait uſage, je m'apperçus que je portois un fruit de l'incontinence de l'Evêque. Sa douleur étoit au comble, à ce qu'il me parut : il me garda tant qu'il lui fut poſſible de le faire, ſans donner des ſoupçons ; & enfin il me fit partir en chaiſe de poſte pour cette Ville, avec une adreſſe à une femme de confiance. Je defcendis chez elle, & mis au monde le fils de l'Evêque, dont cette femme fe chargea. J'étois difpofée à retourner auprès de mon Amant, quand j'appris qu'il étoit parti pour L.... en conféquence d'ordres fupérieurs. Il n'y avoit pas d'apparence que je fuffe l'y chercher; & je compris, après bien des lettres inutiles, que ma fécondité malheureufe avoit été la fource de fon dégoût : ce font des fautes que ne pardonnent point les Amans facrés. Je me livrai à l'affliction, mais de quels maux eft-elle le remède? la néceffité de fonger à ma fubfiftance pour l'avenir, fit diverfion à tous mes regrets. Cette femme chez qui je demeurois, par pitié pour moi, me fit préfenter à Madame de Mongol, auprès de laquelle je ſuis depuis quelques années. Je jouiſſois d'un peu de tranquillité, quand votre vue a rallumé dans mon cœur les feux mal éteints du plaiſir, ou plutôt vous m'avez fait connoître l'amour pour la premiére fois : & quel amour que celui que la raiſon prive d'eſpérance ! Ciel ! qui m'avez produite pour me perſécuter, je dois donc toujours paſſer du malheur à l'infamie, de l'infamie au malheur !

Juſtine méritoit que je la plaigniſſe, je ſçavois qu'il y a des paſſions qui nous emportent loin de nous, ſans que la rapidité des ſentimens qu'elles inſpirent, nous permette de former un ſeul raiſonnement : ce ſont ces paſſions combinées avec des circonſtances fortuites qui font les Destins que Justine accusoit. Les Destins sont des chimeres, l'avenir n'est rien, & ne peut être prévu par qui que ce soit. Pouvois-je, d'ailleurs, reprocher à Justine le goût qu'elle avoit pour moi? il semble que tous les cœurs soient égaux en amour, & de ceux que l'on posséde sans partage, il n'en est point qui ne soit précieux. Je suis touché, lui dis-je, autant qu'on peut l'être, de l'amour que vous me montrez; vous sçavez que je ne puis le payer de retour, la certitude que vous en avez vous ôte l'espoir; l'inconstance de notre nature achevera de vous dégager, & vous rendra le repos du cœur. Si je savois, ajoutai-je en l'embrassant, un autre remède à vos chagrins .... Non,

me

me dit-elle, en me repoussant foiblement, tout autre remede ne fait qu'aigrir mes maux; vous m'apprenez inutilement le prix d'un bien qui ne peut être à moi : Quelle complaisance! .... Dieux! .... pour la derniere fois .... La douleur & le plaisir se combattoient mutuellement, & lui ôtoient la parole : revenue à elle-même, elle se dégagea de mes bras, & sortit.

Le Baron vint me voir quelques momens après; je ne sçai, me dit-il, ce qui vous a fait suspendre vos visites chez Madame de Mongol; vous aviez paru la voir avec plaisir, elle y répondoit : vous dirai-je plus? depuis votre absence, l'inquiétude qu'elle a montrée sur ce qui pouvoit en être la véritable caufe, fon habitude de me parler de vous, & de ramener la converfation fur votre compte, fon humeur enfin, m'a appris qu'elle vous aimoit : les changemens dans l'humeur font des effets certains de l'amour. Mais vous, Marquis, ne vous en êtes-vous point apperçu le premier ? votre conduite me l'a fait croire ; je ne puis m'imaginer que vous ayez été indifférent aux douceurs de fon commerce, & aux diftinctions qu'elle vous a prodiguées. Peut-être, par un fentiment généreux, vous faites-vous violence ; vous cédez vos droits à un rival que vous aimez, vous avez démêlé ma paffion pour la Comteffe. Monfieur, lui répondis-je, il eft beau que vous le penfiez, &il m'eft bien doux que vous en jugiez mon cœur capable, mais je ne vous ferai point un ſacrifice imaginaire, ce ſeroit une eſpèce de vol à vos ſentimens ; les principes des actions louables, ſont ceux de la ſincérité. Je vous avouerai donc que j'évite la Comteſſe, parce que je vois ailleurs ce qui ſeul peut faire ma félicité : ſon aimable fille poſſéde mon cœur & m'a donné le ſien : les aſſurances que j'en ai, augmentent mon ardeur, loin de la rallentir ; il me faudroit ſa main pour me rendre le plus fortuné des hommes. J'ai étudié ſon caractére, ſon eſprit, ſes qualités ; j'ai, pour ainſi dire, épié les premiers ſentimens que la Nature a fait éclore chez elle ; j'ai connu tout ce qu'elle vaut. La poſſeſſion & les faveurs d'une beauté aussi touchante, ne sont pas, dans les circonstances où je me trouve, ce qu'elle me fait desirer avec le plus d'empressement ; jugez de l'empire qu'elle a sur moi : l'inclination de la Comtesse, que j'ai trop remarquée, vient traverser toutes mes espérances. Que je suis heureux, dit le Baron, que nos intérêts se trouvent unis ! les obstacles sont grands, mais ils ne sont pas insurmontables ; vous avez fait prudemment de fuir dès les commencemens Madame de Mongol, & une occasion se présente, pour servir de prétexte à une absence plus longue. Le Duc D.** sous les ordres duquel j'ai servi, m'écrit pour m'engager à l'aller voir à sa Terre ; le Président P.... & le Vicomte de L.... qui s'y rendent aussi, devoient me venir prendre après le dîner ; vous me remplacerez, pendant ce tems je chercherai les moyens d'arranger ici nos affaires communes.

J'acceptai le parti, sans tarder, j'écrivis une lettre à Eleonore, pour l'informer de mon départ, & des raisons qui m'arrachoient à elle ; je lui mandai que c'étoit un mal nécessaire, & l'unique voye de procurer notre union ; qu'elle me plaignît, & qu'elle m'aimât toujours. Elle me fit cette réponse sur le champ.

» Si je n'étois que raisonnable, » j'approuverois tout ce que » vous avez dessein de faire ; » mais je vous aime, & la sé» paration dont vous me par» lez, doit me sembler injuste

» & cruelle. Le Baron a trop
» de prudence ; il n'auroit pas
» résolu pour lui-même ce qu'il
» vous a conseillé. Son propre
» intérêt, sans qu'il le croye,
» l'empêche de voir quel coup
» sensible il me porte : je ne
» me plains que de lui, quoi-
» que je pusse accuser quel-
» qu'un de plus cher. Vous me
» parûtes hier au soir moins
» tendre qu'à l'ordinaire, &
» aujourd'hui vous vous déter-
» minez facilement à me quit-
» ter. Ah ! Marquis, n'aurai-je
» pas quelque raison de vous
» croire inconstant ? mais non,
» j'éloigne de moi ces idées,
» je ne vous ferai point une pa-
» reille injustice ; vous m'ai-
» mez : ne sçai-je pas quelle
» douleur font de simples soup-
» çons ? comment se résoudre

» à causer la moindre peine à » l'objet de son amour ? je » voudrois vous cacher jusqu'à » l'affliction où va me plonger » votre absence ; n'y songez » que pour vous assurer de ma » tendresse : puisque vous me » quittez pour moi-même, je » dois m'efforcer de vous con- » soler. »

J'éprouvai mille différens mouvemens à la lecture de cette lettre ; je ne pouvois soutenir l'idée de ma chere Eleonore abandonnée à la douleur : je doutois encore si je devois aller chez le Duc, quand un Carosse s'arrêta à la porte de l'Hôtel : le Président & le Vicomte en sortirent, & avant que je les visse, mon oncle les avoit déjà prévenus que je tiendrois sa place. Ils me promirent des plaisirs sans nombre ; & ne pouvant m'en défendre, je partis avec eux, après avoir recommandé au Baron les intérêts de mon amour.

Nous arrivâmes au Château du Duc ; cette belle Maison est située au pied d'un côteau ; des Jardins enchantés l'accompagnent ; il y a des terrasses en amphithéâtre, des eaux, des bois, un parc immense. Le Duc me reçut très-bien ; j'y trouvai une compagnie nombreuse de l'un & de l'autre sexe : il me parut qu'il y regnoit une liberté aimable, & que tous les habitans de ce charmant endroit ne respiroient que la joye. Avant que je dise de quelle façon je passai mon tems, il ne sera pas inutile de dire ce que c'étoit que le Duc.

Ce Seigneur qui étoit ſur le déclin de l'âge, avoit beaucoup d'eſprit, eſclave toute ſa vie des plaiſirs auſquels il avoit ſacrifié de grands biens dans ſa jeuneſſe; mais des ſucceſſions conſidérables l'avoient toujours mis en état de ſatisfaire ſes goûts. Affaiſé ſous le poids de ſon bonheur, il ne formoit plus de déſirs; tout ſon eſprit ne pouvoit réparer à cet égard les pertes qu'il avoit faites. L'art & le rafinement dans la ſcience des voluptés, l'en avoient privé. A peu près comme nous voyons un homme habitué aux ragoûts recherchés, ne pouvoir plus revenir aux mets naturels & ſalutaires: il avoit diſſipé le fond précieux de la ſanté & de la vigueur; il ſe cherchoit

& ne se trouvoit plus. * Cependant il n'épargnoit aucuns soins pour atteindre, ou pour imiter du moins l'état heureux où il s'étoit vû. Il attiroit chez lui, par les invitations les plus polies, & encore plus par des Fêtes presque continuelles, les Dames & les Seigneurs des environs. Il y avoit dans le Château trente ou quarante chambres propres à recevoir les étrangers. Le Duc qui entroit dans les plus simples détails, disposoit les chambres occupées par les hommes & par les femmes, dans un ordre alternatif : ce mélange étoit le même par-tout ; les clefs des

* *Moi-même je me cherche, & ne me trouve plus.*
Hippolite dans Phédre.

chambres étoient communes, les verroux étoient inconnus. Par une imagination dont on découvrira l'objet dans la ſuite, les lits deſtinés aux Dames avoient été faits plians & élaſtiques, mais à un certain point; de ſorte qu'il falloit deux poids égaux, chacun à celui d'une perſonne ordinaire, pour mettre en action le reſſort des lits.

Sous chacun de ces lits étoit placée une baſcule ; une des extrêmités touchoit au-deſſous du lit, & y étoit attachée à l'endroit du centre de gravité. L'autre bout répondoit entre le chevet & la muraille. A cette derniére extrêmite des baſcules on avoit ajuſté des fils d'archal qui, au moyen d'autres petites baſcules de renvoi, telles qu'on en uſe pour les ſonneries des horloges, alloient remuer dans un appartement éloigné, des ſonnettes correſpondantes. Cet appartement ſéparé des autres étoit celui du Duc; les ſonnettes étoient placées à l'entour, chacune avoit ſon étiquette, & portoit le nom des Dames qui occupoient alors les chambres. Les tons étoient diſtincts & en accord; dans le ſilence de la nuit, leur variété & leurs rencontres différentes faiſoient un carillon ſi agréable, qu'on eût crû entendre des Hymnes à l'Amour. Les ſons étoient une vive repréſentation des mouvemens qui les occaſionnoient: au commencement meſurés, enſuite rapides, peu après confondus, plus marqués enfin, ſe rallentiſſant & ceſſant par degrés. Le Duc arrêtoit à son gré l'effet de ces sonnettes : comme il étoit sujet aux insomnies, il avoit inventé ce jeu pour se récréer. Entre les bras d'un amour inutile, son imagination & cette harmonie qui signifioit tout ce qu'il vouloit, lui rendoient quelquefois des étincelles de sentiment.

Je donnai à ma chere Eléonore les premiers instans de mon séjour ; notre sensibilité augmente à mesure que nous nous éloignons de ce qui nous est cher : je lui écrivis une lettre que le tendre amour auroit avoué. Quand je me fus satisfait à cet égard, je rejoignis la compagnie du Château, & les plaisirs qui s'empressoient à remplir nos momens, en devinrent mille fois plus piquans pour moi. Nous fîmes grande chere au ſouper; le Duc l'aimoit, & ſon luxe étoit bien entendu. Je m'apperçus dès le ſoir, que chacun des Convives s'étoit arrangé; il n'y avoit preſque point de cœurs déſaſſortis: le Duc préſidoit encore à ces diſtributions, & marquoit à table les places ſuivant l'ordre des appartemens. Quant à moi, je me trouvai près de la Préſidente D. B.... c'étoit une femme d'une taille avantageuſe; ſon corſet renfermoit des appas formés & bien conſervés. Elle avoit de ces grands yeux noirs qui entrent d'abord en converſation, qui diſent & qui font mille choſes dans un inſtant. * Par une eſpèce de libertinage d'eſprit, je m'accoutumai à ces yeux, & bientôt une intel-

* *Patrantes oculos*. Petron.

ligence parfaite fut établie entre nous ; de façon que je me trouvois comme en pays de connoissance. Nous étions au dessert, & les Domestiques s'étoient retirés ; je mis en avant avec elle de ces propos, enfans de la liberté, qui peignent le sentiment d'une maniére confuse, & dont les esquisses doivent être animées par des coups pleins de vie & de force, pour les employer il ne manquoit que le lieu & l'occasion : je tâchai de l'en convaincre ; je lui fis toucher du bout du doigt la vérité de ce que j'avançois : elle me trouva en état d'exécuter mes idées. Pour m'assurer si son goût s'y prêteroit entiérement, je pris une voye détournée qui me conduisit à une légere épreuve ; elle sentit mon adresse, & comme je persistois, elle prit le parti de s'en amuser; mais bientôt je lui parus dangereux : il lui survint un tremblement dans les mains; son trouble augmenta, & la fit balancer sur sa chaise : je suivis le même mouvement, & en nous prêtant un secours mutuel, nous tombâmes tous deux à la renverse.

Cet événement attira les yeux de tous les Convives, qui n'en avoient pas soupçonné la cause, chacun étant à peu-près occupé de la même façon que nous. On se remettoit de part & d'autre de son dérangement, & on s'empressoit en foule d'aller nous relever. Le Duc crioit, eh ! Mesdames, ce n'est pas au Marquis qu'il faut courir, il se porte bien, j'en suis sûr, il est d'un d'un fort tempéramment ; c'eſt Madame la Préſidente qui ſe trouve mal ; Meſſieurs , je vous la recommande.

La Préſidente , quand elle tomba , ſe trouvoit au fort de ſon évanouiſſement ; ſes yeux après avoir roulé quelques inſtans , ſe fermerent : on n'en pouvoit tirer d'autres ſignes de vie que des ſoupirs & quelques mouvemens. Les Dames lui jettoient malicieuſement de l'eau ſur le viſage ; elle reprit ſes eſprits : ah ! Marquis , dit-elle.

Je m'étois trouvé très-embaraſſé ; il n'y a pas de perſonnes qui ſerrent plus étroitement que celles qui s'évanouiſſent. Enfin je m'étois ſouſtrait ; la Préſidente ayant lâché priſe , ma ſerviette m'avoit aidé à cacher mon trouble , & je m'étois relevé en ſoutenant le voile qui couvroit ma diſgrace. Cette ſituation donnoit à penſer, quoiqu'elle ne fût pas abſolument des plus développées : elle fournit au Duc matiére à de nouvelles plaiſanteries, qui excitérent les ris, & rendirent la converſation générale, juſqu'au moment où on ſe leva. La main de la Préſidente m'appartenoit à bien des titres ; je la conduiſis à ſon appartement, qui étoit, ſuivant l'ordre, à côté du mien. Je m'étois imaginé que notre avanture lui donneroit un peu d'humeur, mais je m'étois trompé ; elle avoit pris la choſe en femme du monde, & ſa gayeté n'en fut point altérée. Madame, dis-je, le hazard & l'amour ſont aveugles, tous deux m'ont fait commettre une faute ; me permettriez-vous de la réparer ? Il n'eſt rien, me répondit-elle, à quoi je ne conſentiſſe pour votre juſtification. Et il n'eſt rien, repris-je, que je déſire plus violemment que de trouver grace auprès de vous. Nous convînmes que dans deux heures je me rendrois chez elle pour me juſtifier. Pendant les deux heures que je paſſai ſeule, je fus toujours, par une illuſion de l'eſprit, aſſez rare, dans le même état que ſi je n'avois pas dû être ſeul : je me figurois être encore à côté de la Préſidente, & dans la même poſition qui avoit occaſionné notre chute, tant une imagination échauffée a de pouvoir.

Tout étoit dans un ſilence profond, & un plus long délai auroit fait monter indubitablement mon impatience à l'excès, quand je passai chez la Présidente. Une petite lampe ne fournissoit qu'une foible lueur pour indiquer le lit où je trouvai cette Dame : elle m'admit auprès d'elle, & à toutes les justifications que je désirois : je fus le moins criminel & le plus heureux des hommes. D'abord j'avois voulu reprendre l'histoire de notre chute, & je lui en expliquois la cause. Laissons, me dit-elle, un accident qui ne pouvoit nous intéresser que quelques instans, & dont j'ai ri la premiére ; parlons un peu de votre esprit, Marquis, je vous en ai trouvé un d'une justesse & d'une solidité ..... Dès le moment que je vous ai vû, j'ai désiré de passer avec vous un quart d'heure ; vous avez de ces figu-

pag. 116.

2e. part.

res intéressantes qui promettent beaucoup, & vous tenez davantage, si j'en crois mon discernement. L'esprit que vous m'accordez, Madame, lui répondis-je, consiste chez moi dans une contention qui dure presque toujours, & dont votre mérite seul pourroit me rendre capable; par tempéramment je suis réfléchi, j'entends assez bien le sentiment, & je réussis à l'inspirer mieux que vous ne le savez encore. Oh, je n'en doute point, reprit-elle, on ne connoît pas son monde, à le voir en public, où l'on est ordinairement dissipé, & c'est (ajouta-t-elle en se tournant de mon côté tout-à-fait) c'est précisément dans une confidence réciproque telle, que l'on n'a rien de caché.... Je l'éprouve, Madame, interrompis-je, & par une reconnoissance également douce & facile, je veux vous faire part de quelques-unes de mes productions ; trop heureux si elles sont de votre goût. Par exemple, Madame, celle-ci ; c'est *le pouvoir de l'Amour.* L'Amour est fils de la vue & du désir, il s'insinue adroitement dans un cœur, avec peine d'abord .... quand il y est, il s'étend, il remplit le vuide qui est par-tout sans lui .... on voudroit le chasser, mais en vain ; il est maître de la place, & les charmes qu'il employe sont si forts, qu'après l'avoir repoussé, on l'attire sans le vouloir .... ces combats jettent le trouble dans l'ame, & par leurs secousses réïtérées ..... la rendent avide de plaisir .... enfin l'ivresse succéde, un épanchement délicieux.... Sentez-vous cela, Madame? la mémoire me manque..

Ah! .... oui .... Marquis, que vous avez d'esprit! je ſens..... pourſuivez .... quel plaiſir!

Dans ces circonſtances, Madame, le cœur fait un effort & chaſſe l'Amour; mais ce Dieu en ſortant laiſſe des traces & des effets qui le font regretter: la voye eſt frayée .... la bréche reçoit le vainqueur; il revient à la charge plus animé que jamais .... il remet tout ſous ſon obéïſſance.... le bonheur le précéde, les plaiſirs dictent de nouveau ſes loix, & pouſſent des cris de joye dans la place.... une extaſe ..... un délire .... Dieux!

C'eſt cela! ah Marquis! que vous peignez bien! répétez..... j'y ſuis.

La matiére que je traitois étoit inépuiſable ; je ne pouvois tout dire, & la Préſidente, à qui mes réfléxions en avoient fait naître de nouvelles, prit à ſon tour ma place. Qu'elle la remplit bien ! l'eſſor qu'elle donnoit à ſon éloquence, & la rapidité de ſon débit, marquoient parfaitement combien le ſujet lui étoit cher. Elle vouloit me convaincre qu'en fait de ſentiment, l'habileté eſt le partage du Sexe ; & que dans cette carriere, nous ne pouvons tout au plus que le ſuivre. Je lui ſûs bon gré des peines qu'elle ſe donna pour m'en perſuader ; je lui prêtai pendant ſes diſcours une attention qui lui donna tout le contentement imaginable ; & j'appris dans cette occaſion que quand deux perſonnes

ſonnes ont les mêmes principes & les mêmes opinions, il n'y a guéres moins de plaiſir à écouter qu'à parler.

Revenons à votre eſprit, Marquis, dit la Préſidente ; il me convient fort, & je le préfére à tous ceux qu'un peu d'uſage m'a fait connoître. Vous êtes vif & modéré quand il le faut ; il n'y a rien de ſi rare dans le monde que l'à-propos. J'ai vû des jeunes gens, qui par une trop grande précipitation font perdre la moitié de ce qu'ils diſent ; ce ſont de bonnes choſes pourtant ; mais le moyen de goûter un homme qui balbutie ? D'autres ont un ſtile découſu, qui ne ſe conforme aux idées de perſonne : le charme de la converſation conſiſte à diſputer & à ſe réfuter également, & à tomber enfin d'accord de quelque chose. J'en connois d'autres, (& le Président D. B.... est du nombre) qui ont l'esprit d'une lenteur... d'une sécheresse ! pour les animer & tirer d'eux quelque parole, il faudroit, je crois, les traiter comme des enfans paresseux.

Je laissai la Présidente très-satisfaite de mon esprit, & je retournai vers le jour à mon appartement. Je dormois encore quand un Valet de chambre vint me dire que le Duc vouloit me parler. Je m'habillai promptement, & me rendis chez lui. Comment donc, me dit-il, vous êtes un Héros : la Présidente doit se féliciter de votre séjour ici, quelle nuit pour elle ! Ces paroles me surprirent ; je ne ſçavois qui pouvoit avoir appris au Duc l'emploi que j'avois fait de la nuit. Ceſſez d'être étonné, reprit-il en riant, je ſais une partie de ce qui ſe paſſe chez moi, en vertu d'un Taliſman que fit un habile Enchanteur en bâtiſſant ce Château. Le Duc me dit enſuite à quelle heure j'avois commencé d'entrer en converſation avec la Préſidente, & de combien d'incidens notre entrevûe avoit été mêlée. Ma ſurpriſe augmentoit ; je retrouvois la vérité dans tout. Enfin, le Duc tirant les cordons d'un petit rideau qui regnoit autour de ſa chambre, je vis cette multitude de ſonnettes dont j'ai parlé, avec les étiquettes. Le Duc m'expliqua leurs diſpoſitions, le méchaniſme des lits,

& l'uſage des clefs communes; outre la néceſſité, dit-il, d'avoir fait les lits élaſtiques, pour le fait que vous voyez qui en réſulte, vous devez encore avoir ſenti la bonté qui provient de leur reſſort. Monſieur, lui demandai-je, comment ſe fait-il que vous ne vous trompiez point? un autre que moi pouvoit ſe trouver avec la Préſidente. Votre réflexion eſt bonne, me répondit-il, mais la chute d'hier au ſoir ſuffiſoit pour me faire rencontrer juſte; d'ailleurs l'air de liberté dont on jouit chez moi, & un peu de diſcernement, m'aident beaucoup à découvrir les intrigues. Si je manquois de ces ſecours, il me ſeroit aiſé d'y ſuppléer, en faiſant ajuſter de nouvelles baſcules aux portes des chambres, je ſaurois à point nommé que Monſieur . . . . . . eſt entré chez Madame . . . . mais je n'ai pas beſoin de perfectionner l'invention. Pour prix des plaiſirs que l'on goûte, je n'exige qu'un peu de bonne foi, & la complaiſance de me faire l'hiſtoire de la nuit. Marquis, détaillez-moi, je vous prie, comment tout s'eſt paſſé.

Quand j'aurois voulu m'en défendre, le Duc n'en étoit pas moins dans ma confidence, malgré moi; je ne crus pas devoir lui refuſer la ſatisfaction qu'il me demandoit. Je lui fis donc un récit véritable, & je n'omis aucun des détails, parce qu'il m'en parut extrêmement jaloux; ma façon de narrer lui plaiſoit, il ne me fit grace de preſque pas une circonſtance.

Quand j'eus fini : pour reconnoître, dit-il, votre ſincérité, je veux que vous changiez ce ſoir d'appartement ; j'ai invité la femme de mon Bailli, elle doit coucher au Château ce ſoir, vous ſerez voiſins, & je crois que le Bailli ne s'en trouvera pas ſi bien que ſa femme. Le Duc me dit enſuite que quand il invitoit des Dames, il n'invitoit pas les maris ; que ſi pourtant ils accompagnoient leurs femmes, il les logeoit ſéparément, ce qui s'accordoit avec l'uſage ; & qu'il ſe gardoit bien d'apprendre aux Maris le myſtère des Sonnettes ; que ceux qui l'avoient ſçû avant l'Himen, n'en venoient pas moins le voir, mais ſans leurs femmes. Qu'enfin par la diſcrétion des hommes, ce ſecret n'avoit point jusqu'alors été divulgué.

Sans doute on dira que je mets le caducée dans les mains du Duc ; mais sans avoir recours aux exemples qui pourroient le justifier, n'est-il pas constant que c'est la nature de l'intérêt qui fait la honte ? Le Duc n'avoit d'autre intérêt que d'établir un commerce de plaisir entre lui & ceux qui venoient le visiter.

La femme du Bailli arriva le matin même : c'étoit une beauté touchante, d'une blancheur parfaite ; des yeux bleus & languissans, tels qu'on en donne à la Volupté ; des lévres d'un vif incarnat, voilà ce qui me charma chez elle. Elle n'avoit que six mois d'Hymen, de sorte qu'après tous égards elle méritoit des ſoins. L'état de ſon mari & peut-être ſes agrémens empêcherent les Dames de lui faire beaucoup d'accueil. Ce fut une occaſion pour moi de me diſtinguer par mon empreſſement à l'amuſer : j'eus des Rivaux dans ce projet, mais je réuſſis mieux à me faire écouter. La bonne humeur & un ton de gayeté naturelle ne peuvent manquer de plaire : les Amours ſont des enfans qui aiment toujours à rire. Peu-à-peu j'engageai la Baillive à parler ; je connus la portée de ſon génie, j'y proportionnai mes louanges & mon entretien. Quoiqu'elle n'eût pas aſſez d'uſage & de pénétration pour s'appercevoir de mon deſſein, elle répondit à mes vûes ; le cœur & l'inclination firent les ſrais de tout, & furent de moitié avec moi, pour m'aider à la ſéduire. J'étois placé à table à côté d'elle par un nouvel arrangement, je ne ceſſai de fixer ſon attention. Elle montroit du goût pour mes plaiſanteries, elle prêtoit une oreille avide à mes contes, & ne détournoit pas la tête à l'encens que j'y mêlois avec adreſſe. Le Duc nous examinoit & ſourioit. La Préſidente me minaudoit de loin. Au deſſert je rendis mon rôle plus intéreſſant ; la joie du repas qui s'anime alors, & le Champagne pétillant apprivoiſent les cœurs les plus farouches ; c'eſt l'inſtant privilégié pour les tendres aveux, & où l'on jette les fondemens des bonnes fortunes. J'en profitai, j'exagerai mon ardeur ; la Baillive se livroit à la douceur de penser que je l'aimois, je voulus m'insinuer d'une façon plus particuliére, & prendre une espèce de possession des biens que je désirois ; j'étois dans la route, quand on voulut m'arrêter. Songez, Madame, lui dis-je, que vos refus sont injustes, & que le moindre mouvement fera soupçonner ce que vous voulez empêcher. La raison ou plûtôt l'innocence me cédoit le terrain pas-à-pas, & mes affaires prenoient le meilleur tour du monde quand la Compagnie se leva à l'exemple du Duc. Cette petite disgrace me mortifia extrêmement : j'ai sçû depuis que la Baillive n'en avoit pas été moins touchée.

La journée étoit belle, on se

difperfa dans les Jardins : la Baillive, que les fumées du Champagne avoient un peu troublée, s'appuyoit fur moi ; parvenus infenfiblement à un Labirinthe, nous nous y enfonçâmes. La Baillive fe plaignoit d'un mal de tête violent ; je la fis affeoir fur un banc de gazon, pour y prendre du repos. Sa tête étoit appuyée fur une paliffade de Tilleuls ; je me mis à fes côtés, elle ferma bientôt les yeux. Je la confiderai quelque tems, fes couleurs m'enchantoient ; quand je la crus endormie, j'appliquai mes lévres fur les fiennes, je gliffai même entr'elles une organe adroite & flexible : d'autres charmes enlevoient mon ame aux premiers. Un fein d'un contour admirable, & qui fembloit en ſoupirant appeller tout Cithére à ſon ſecours, eut l'hommage de mes baiſers ſans nombre. Ce badinage m'enflâmoit; je portai plus loin mes vûes, j'écartai les obſtacles qui s'oppoſoient à mon entrepriſe; je voyois l'aurore du bonheur; & il alloit luire pour moi quand j'entendis du bruit derriere la paliſſade. Ah! Marquis, ſe peut-il que vous faſſiez un pareil uſage de votre eſprit! C'étoit la Préſidente, qu'une maligne curioſité avoit conduite ſur nos pas. Je remis promptement tout dans l'ordre; la Baillive s'étoit réveillée, & nous nous éloignâmes ſans rien dire.

Mes friponneries méritoient bien ces déſagrémens, & j'en aurois pû convenir, ſi la violence de mes déſirs ſi cruellement trompés, m'eût permis d'être tranquille. Je m'apperçus que les yeux de la Baillive se mouilloient de pleurs, ma peine en fut augmentée. Je ne sais, me dit-elle, quelle étoit votre dessein, & quelle surprise vous me vouliez faire; mais cette Dame vous a vû; elle est méchante, & me rendra la fable du Château. Détrompez-vous, Madame, lui répondis-je; la Présidente n'oseroit me causer ce chagrin: j'ai en main de quoi me vanger, & je sçaurois faire retomber sur elle l'effet de sa malice. Au reste, le moyen de déconcerter les mauvais plaisans, c'est de payer d'assurance; il est permis de se défendre contr'eux, & de tout nier avec mépris, tant qu'ils ne sont pas en état de nous convaincre ; c'eſt moins trahir la vérité que repouſſer une injure.

Je parvins de la ſorte à tranquiliſer ſon eſprit ; mais à notre retour au Château, quand elle vit notre ſurveillante, elle ne put s'empêcher de rougir. Je m'approchai de la Préſidente : Petit perfide, me dit-elle. On ne peut pas, lui dis-je, être infidéle quand on n'a fait aucun ſerment de fidélité. Quoi ! dit-elle, ce ſerment n'eſt-il pas entendu quand on s'eſt montré du goût l'un pour l'autre? qu'on ſe l'eſt prouvé ? & quand d'ailleurs, ajouta-t-elle d'un air piqué, je puis dire avec confiance que de mon côté je ne me connois aucun prétexte.... Vous ne pouvez, interrompis-je, Madame, être plus contente de vous que je le ſuis : j'ai ſenti le pouvoir de vos charmes ; mais le don de plaire ne fut jamais le partage d'une ſeule : le plaiſir qui nous a unis, m'attache à tous les objets aimables, & me défend de vous oublier. Oui, je vous le prouverai en toute occaſion, & je vous rapporterai un cœur que vous voulez bien regretter ; vous avez trop de connoiſſance pour ignorer qu'on ne peut pas en uſer mieux, & vous ne me ferez point de tracaſſeries inutiles. La Préſidente alloit répliquer ; je la quittai. Le Vicomte de L... l'entreprit, & je vis bientôt qu'il étoit déſigné mon ſucceſſeur.

J'avois rejoint la Baillive ; je lui propoſai de jouer juſqu'au ſouper. Occupé l'un de l'autre plus que de tout le reſte, nous reprîmes notre gayeté, la table l'augmenta; mais ſans perdre de vûe mon principal objet, je mettois de la tendreſſe dans tout. La Baillive paroiſſoit charmée de moi, elle avaloit à longs traits le poiſon de mes diſcours : je haſardai de reprendre avec elle les droits qu'elle m'avoit accordés au dîner; les contre-tems que nous avions eſſuyés lui laiſſoient de la défiance, elle voulut me réſiſter. Quoi, Madame, lui dis-je, refuſer ſi peu de choſe à tant d'amour? reſtera-t-il ſans recompenſe? que lui accorderez-vous donc?.. Tout, dit-elle, en fixant ſur moi des yeux qui nageoient dans le plaiſir. Pendant ce combat, qui dura peu, j'étois parvenu

venu au point fixe du ſentiment : dans toute autre circonſtance, & avec des moyens différens, je ne l'aurois pas ſi facilement trouvé : ſi je ne puis m'exprimer avec plus de clarté, c'eſt que le ſentiment que je traitois étoit obſcur. Le prix que j'avois obtenu ſurpaſſoit de beaucoup mes idées ; mon étonnement en fut au comble, mon agitation redoubla, de ſorte que couvert d'un côté des marques de la victoire, & cédant ſecrettement moi-même, je fus vainqueur & vaincu.

La promptitude avec laquelle tout ceci s'étoit paſſé, auroit trompé les yeux d'un Argus ; le ſentiment eſt un éclair, quand après avoir été contraint il s'échappe, la vivacité qu'il avoit acquiſe ne lui fait rien perdre par une irruption ſubite ; deux gouttes d'eau ne peuvent éteindre un bucher : c'eſt ce que nous reſſentîmes dans peu d'inſtans. Sur ces entrefaites le ſouper finit, & j'en conçus les plus grandes eſpérances ; mais le Duc qui vit l'action avec laquelle je me levois, ſe plut à m'arrêter : il propoſa un pharaon, & dit qu'il le donneroit avec moi ; on l'accepta. Nous ruinâmes les Pontes, nous leur tînmes jeu bien avant dans la nuit, & mon bonheur fut d'une conſtance à me faire maudire cent fois les jeux & leurs inventeurs.

Les Dames s'étoient retirées avant nous ; je n'avois pû rien arranger avec la Baillive, & je craignois de me tromper d'appartement ; un Domeſtique me l'enſeigna, en me conduiſant à celui qui m'étoit nouvellement deſtiné. Je n'obſervai point un long délai, & dans un état à faire le moins de bruit qu'il me ſeroit poſſible, je gagnai la porte déſirée, que j'ouvris avec la clef commune dont je m'étois muni. J'entrai, & je refermai avec beaucoup de précaution.

Je prêtai l'oreille pour eſſayer ſi je n'entendrois point reſpirer, ce fut inutilement; je pris à gauche: après avoir fait quelques pas, je trouvai un rideau, je l'écartai avec vivacité, & j'avançai la main; mais je ne rencontrai qu'une fenêtre. En continuant mes voyages, je trouvai ce que je ne cherchois point, des tables, une cheminée; je donnai du pied dans un fauteuil, je chancelai, & je tombai au milieu dans les cercles d'un panier. Ceci me fut de bonne augure, j'eſpérai de rencontrer enfin celle à qui le panier appartenoit : effectivement le lit étoit proche, je reconnus les environs du chevet ; & de peur de plus mauvaiſe avanture, je me hâtai de me gliſſer aux côtés de la femme du Bailli. Elle dormoit ; la fraicheur de mon voiſinage la réveilla, elle ne ſe rappella point qu'elle fût au Château. Encore à moitié endormie, mon cher mari, me dit-elle, tu t'es bien fait attendre. Sa mépriſe me réjouit ; & ſans la tirer d'erreur, je pris le parti de contrefaire le Bailli. Je m'établis en conſéquence, & je donnai tous mes ſoins à le remplacer. Un ton de voix plus mâle ſans doute que celui du Bailli, ne permettoit pas de feindre long-tems, la Baillive en ſentit la différence; mais....... dit-elle, cela n'eſt pas poſſible, il y a de l'extraordinaire dans cela.... moitié chagrine, moitié ſurpriſe de la nouveauté du cas, elle tenta de déconcerter mon projet, alors quittant un maſque inutile, & qui ne pouvoit m'être avantageux; Madame lui dis-je, pouvez-vous méconnoître un homme qui vous adore, & qui défie en ardeur tous les maris du monde? ce n'eſt point à l'Hymen de payer l'Amour. Je vais ceſſer, (ajoutai-je en continuant toujours), je vais ceſſer de pourſuivre un bien qui fait tous mes vœux, ſi je ne le reçois de vous-même.

Quoi ! c'eſt vous ? me répondit-elle, comment vous trouvez-vous ici ? ah ! .... que je me fais bon gré....

Mon diſcours avoit fait ſur elle l'impreſſion que je pouvois déſirer ; nous étions au point d'être également attendris & ſatisfaits : il n'y avoit point de *reconnoiſſance* mieux conduite ni plus touchante. Mais quand les mouvemens pathétiques ſe furent rallentis, ma délicateſſe me fit trouver mauvais que la Baillive eût cru ſe réveiller dans les bras d'un mari ; il me parut que ce titre pouvoit me rendre jaloux avec ſuccès. Je lui fis ſentir à ce ſujet tous les traits de la diſſemblance d'un époux & d'un favori. En eſt-il de ces époux, (ajoutai-je avec un nouveau tranſport) en eſt-il un qui vous aimât ainſi ?

Je persuadois a la Baillive que le droit étoit de mon côté ; elle ne négligea rien pour m'appaiser, elle fut au-devant de mes reproches, & me témoigna le plus vif repentir à différentes fois. Cependant par opiniâtreté de sentiment, après des excuses qui m'avoient fait tant de plaisir, & dont tout autre eût été fléchi, je tenois rigueur à la Baillive, je ne pouvois lui pardonner de m'avoir confondu avec son mari. Elle désespéra de parvenir à me désarmer : Je n'ai jamais vû tant de rancune, me dit-elle, & à quel propos ? il me semble que ce mari à qui vous en voulez, auroit un peu plus de raison de se plaindre ; rien ne vous peut toucher, j'y renonce : elle me dit ces paroles d'un ton de dépit, & me tourna le dos. J'avois été ſingulier, & je voulus l'être juſqu'au bout; charmé de me trouver en lieu de prendre une route qui ne me fût point commune avec les maris, je ſaiſis cette ſituation, je fus humble & ſoumis; j'y gagnai beaucoup, & au lieu qu'en ne voulant pas pardonner, j'avois occaſionné notre rupture, en obtenant mon pardon, je rendis notre union intime, & notre plaiſir accompli.

Par une réflexion qui me ſurvint alors, je portois envie à ces heureux Inſectes que la chaleur du Printems fait éclore, qui ne déployent leurs aîles que pour ſe chercher mutuellement dans les airs, dont le ſort enfin eſt de vivre & de mourir étroitement unis; ſimboles de raiſon & de ſageſſe, ſeuls exemples

ples du vrai bonheur. Quand ils ont rencontré ce bonheur, qui eſt la fin principale de leur être, il leur eſt permis de le goûter autant qu'ils exiſtent; aucun regret, aucune foibleſſe ne rompent leur chaîne, le dernier inſtant de leur vie ſe perd dans le ſein de la Volupté. Ce que la nature indulgente, me diſois-je à moi-même, leur açcorde pour une ſi grande portion de la vie, elle ne fait que nous le montrer pour quelques inſtans: Si nous portons les lévres à la coupe des plaiſirs, ce ne peut être que par intervalles. Que ne nous laiſſez-vous, grands Dieux, nous enyvrer à cette coupe, & mourir dans l'ivreſſe! mais ſans doute nous ne mourrions point; le bonheur porté au comble par ſa continuité, épureroit notre nature, nous deviendrions Dieux & Immortels.

Je ne faisois jamais de réflexions, que quand le cœur épuisé ne pouvoit plus me fournir de sentimens; le dégoût, quelques efforts que je fisse pour l'écarter, vint m'assiéger dans les bras de la possession : les agrémens que j'avois idolâtrés, s'évanouissoient, mes désirs s'étoient écoulés comme un torrent, je me trouvois seul, quoiqu'avec la Baillive, & accablé de ses caresses. Que devenoit-elle à mon esprit? une femme ordinaire, imprudente, facile à vaincre, cédant par vanité autant que par foiblesse, & moins voluptueuse que livrée aux sens. Quel génie avoit-elle? quelles ressources dans son entretien monotone ? La Présidente ſavoit mieux l'égayer, ſon eſprit avoit du tour, elle ne laiſſoit jamais de vuides dans les amuſemens, elle prenoit cent figures pour le badinage, ſa variété la rendoit preſque toujours nouvelle. Il eſt vrai que l'intérêt de ſes plaiſirs, plus que la tendreſſe, étoit l'ame de ſes mouvemens; elle mettoit trop d'art où le beau naturel doit dominer, & l'on remarquoit aiſément qu'elle rapportoit tout à elle. Coquette, & plus que Coquette, on commençoit avec elle par le plaiſir, on continuoit par l'illuſion; la connoiſſant mieux, on finiſſoit par le mépris. Quelle comparaiſon je faiſois de ces deux femmes avec mon aimable Eleonore ! que le regret de leur avoir facrifié étoit cruel à mon cœur! les tranfports qu'elles avoient excités en moi, les émotions que j'avois reffenties pour elles, me fembloient autant de crimes contre ma paffion. Ah! difois-je, ces preuves de tendreffe, ces hommages qu'il m'a fi peu couté de prodiguer, ne devoient-ils pas être réfervés pour le pur amour, pour le feul objet qui en eft digne!

J'étois plein de l'idée d'Eleonore; je me la repréfentois avec tous les charmes dont elle étoit pourvue; ces yeux qui me reprochoient d'avoir oublié leur pouvoir, ce beau corps qui, en fortant des mains de la nature, avoit été ma conquête, ces douceurs fecrettes, ces faveurs fans prix, dont ma flâme avoit été recompensée. Le sentiment de mon ingratitude ne fut pas le seul qui s'éleva dans mon ame, le véritable amour y rentroit dans tous ses droits; j'éprouvois sa présence, je fus tout-à-coup embrasé, je croyois être aux pieds d'Eleonore, je lui marquois, je lui prouvois le repentir de mes infidélités; j'oubliois mes erreurs dans un abîme de plaisir.... & j'étois dans les bras de la Baillive; mon retour à Eleonore étoit un nouveau crime.

La Baillive recevoit le tribut qui ne lui étoit pas destiné, & profitoit d'une distraction qui auroit dû lui être si désavantageuse. Elle étoit comme ces Parasites, qui se trouvant par hazard à une table qui n'étoit point préparée pour eux, dévorent les mets qu'un palais fin & délicat auroit ſavourés. L'avidité de la Baillive me tira de l'imagination qui m'occupoit. Ciel ! comment exprimer le dégoût, l'étonnement & le regret qui furent le fruit de mon réveil ! une ſeule penſée me conſoloit ; chere Eleonore, me diſois-je, c'eſt votre idée qui vient de me rendre infidéle ; mais craignant que cette idée ne me fît d'autres ſurpriſes, je m'arrachai bruſquement aux careſſes de la Baillive, & le jour paroiſſoit quand je rentrai dans mon appartement.

Je fus à mon lever voir le Duc. De mieux en mieux, dit-il, Marquis ; vous êtes un homme prodigieux, on n'entend que le bruit de vos actions. Je viens, Monſieur, lui dis-je, vous demander les Invalides. Il faut, reprit-il, me dire à cet effet vos moyens, & me faire le récit de vos derniéres Campagnes. Quand je lui en eus rendu un compte exact, Marquis, me dit-il, je ſai que des fatigues multipliées peuvent diminuer l'ardeur pour la gloire, mais elles ne doivent pas y faire renoncer : le Sexe auroit trop de plainte à me porter, ſi je vous accordois ce que vous me demandez ; tout ce que je puis, c'eſt de vous mettre en quartier de rafraîchiſſement auprès de la Baronne de .... je ne crois pas que vous vouluſſiez faire tort à mon Aumonier, dont vous occuperez la chambre. Je remerciai le Duc ; il plaignoit l'état où je me disois réduit, & regretta fort qu'il n'y eût point de dévote au Château ; à ce propos-là, Marquis, il n'y a pas de remede plus souverain ; quand il ne réussit pas, les Médecins doivent abandonner le sujet : il sort des dévotes une vertu qui régénere, c'est la véritable huile de Vénus. Au reste, on ne doit pas rougir d'une foiblesse à votre âge, ce n'est point dans cette saison qu'elles tirent à conséquence ; les jeunes-gens renaissent de leurs cendres : j'en connois de plus malheureux, ajouta-t-il en souriant. A cette occasion il me fit l'histoire de ses propres foiblesses, & de tous les palliatifs dont il usoit. Jusqu'où va, dit-il, mon infortune ! je ne cherche plus de consolation que dans le récit des plaiſirs d'autrui ; ſemblable à ces vétérans, qui au coin de leurs foyers entendent le détail d'un ſiége où ils n'ont pû ſe trouver, leur joye eſt mêlée d'amertume ; la mienne eſt de cette nature.

Il me propoſa enſuite de me rendre auditeur des avantures nocturnes qu'on lui racontoit ; je l'acceptai, & je me cachai ſous une tapiſſerie, quand on annonça le Vicomte de L.... à qui j'avois réſigné la Préſidente.

Le Duc l'étonna autant qu'il m'avoit moi-même étonné, par l'explication du myſtére des Sonnettes. L'ayant enſuite preſſé de ſubir la loi ordinaire, le Vicomte y ſatisfit ainſi.

Vous ſavez, Monſieur, qu'on ne ſe trouve pas impunément

vis-à-vis de la Préſidente ; elle a un manége de coquéterie ſur lequel toutes ſes actions, ſes paroles & ſes regards ſont concertés. Le goût du plaiſir qui eſt vif en moi, ſuffiſoit d'ailleurs pour m'engager dans une affaire avec elle. Rien n'a été ſi uni que de nouer entre nous, & de dénouer l'intrigue ; ce ſont de ces galanteries de plein pié, qui ne donnent pas la moindre difficulté ; mais la Préſidente vouloit qu'il y en eût eu de ma part : c'eſt une querelle aſſez biſarre qu'elle me fit d'abord dans le tête-à-tête. Madame, lui dis-je, vous ne vous rendez pas juſtice, jamais les obſtacles ne doivent être de notre côté ; je ne ſais point me faire valoir plus que je ne vaux ; j'ai peu de mérite, les perſonnes avec leſquelles j'ai des liaiſons, y ſuppléent avec bonté; vous avez ſans doute connu des gens faits autrement que moi, qui vous ont donné des ſentimens contraires; je ne blâme point ces ſentimens; mais il m'eſt impoſſible de m'y conformer; tel que je ſuis, je vous prie de ne me pas dédaigner. Peu-à-peu la Préſidente goûta ma façon de penſer, & même ſe gêna juſqu'à la trouver raiſonnable. Les ſonnettes vous ont appris le reſte, elles auront dit peu de choſes, notre entretien a été aſſez court. Je ſuis ennemi des tracaſſeries. La Préſidente & moi ne nous convenant pas, nous nous ſommes quittez ſans regret, comme nous nous étions pris ſans plaiſir.

Je fus charmé que le Vicomte

eût mortifié la Présidente, & qu'elle eût été trompée dans ce qu'elle chérissoit le plus. Le même matin j'entendis successivement de mon réduit plusieurs autres histoires égales quant au fond, mais différentes par la tournure & les incidens. Comme elles n'ont point de rapport à la mienne, je les passe sous silence, me réservant d'en faire par la suite un recueil séparé.

Je reçus deux Lettres, l'une d'Eleonore, & l'autre du Baron; je tressaillis de joie, quand je reconnus les caractéres de la premiére, elle contenoit ce qui suit.

» Vous dire que je vous aime,
» que rien n'égale mon ennui,
» depuis votre départ, que je
» n'ai jamais trouvé les jours

» si longs, que les tristes jours » où je ne vous vois plus, c'est » ne dire qu'une même chose. » Je ne me plains pas seule, » vous avez les mêmes peines » à souffrir ; elles sont moin- » dres sans doute, puisque » nous les partageons : mais » quand finiront-elles ? quand » rejoindrai-je mon corps à » mon ame ? vous êtes ma pen- » sée, ma douleur & mon es- » pérance. Que je suis atta- » chée au Baron ! il approuve » notre amour ; après vos let- » tres, je n'en ai jamais lû au- » cune avec tant de plaisir, ni » tant de fois que celles où il » me flatte que je me verrai » enfin unie à vous. Quand je » parle à ma mere, c'est du » Baron, & pour lui vanter ses » bonnes qualités ; mais dans

» tout cela, cher Amant, c'eſt » vous qui m'occupez, c'eſt » vous que j'ai perdu, & que » je brûle de retrouver. Ah! » que vous me charmiez cette » nuit! aimable & tendre, » comme le jour que je vous » cédai, vous me répétiez mille » fois je vous aime; je vous » écoutois, je vous voyois, » vous égariez mes ſens, vous » m'enleviez tout ce que je » voudrois vous donner au mo» ment que je vous écris.

La Lettre du Baron me fit preſque autant de plaiſir.

» On vous aime ici plus que » jamais, & on vous aime » beaucoup moins. C'eſt à » vous d'expliquer cette éni» gme dans le ſens le plus avan» tageux. Je m'applique à m'é» tablir dans le cœur de la

» Comteſſe, & je remarque le
» progrès de mes ſoins. Mon
» rolle dans tout ceci n'eſt pas
» le moins intéreſſant, je tra-
» vaille au bonheur de plu-
» ſieurs. Encore quelques inter-
» valles, & je ferai jouer d'au-
» tres machines. La Comteſſe
» ſera bien difficile ſi elle ne ſe
» rend à tout ce que je me pro-
» poſe de faire pour vous.

Je fis à ces deux lettres les réponſes que me dicta ma joye. Dégoûté des intrigues, il me vint dans l'eſprit de rédiger ces Mémoires : puis-je mieux employer, me diſois-je, un tems paſſé loin d'Eleonore, qu'à lui faire l'hiſtoire de mon cœur? elle y verra quelque jour tout l'amour que j'eus pour elle; elle y verra le pur ſentiment, dès l'inſtant que je la connus, naître en moi, s'y fortifier par ses faveurs, y souffrir des altérations & des combats, avec des passions tumultueuses quand je m'éloignai d'elle, & triompher enfin des mêmes passions, par le seul pouvoir de son idée. C'est à cette occupation que je donnois chez le Duc les momens que je pouvois dérober au tourbillon des plaisirs sans cesse renaissans; & j'étois parvenu à cet endroit de mes Mémoires, quand un Courier du Baron m'apporta la Lettre suivante.

» Soyez content, mon cher » Marquis, soyons-le tous » deux; nous allons posséder » ce que nous aimons. La » Comtesse m'avoit écouté » quand je lui avois offert mon » cœur; pour la déterminer » j'ai proposé de lui faire, &

» à

» à ſa fille, une donation égale
» de mes biens ; l'avantage
» conſidérable qu'il y avoit
» pour elle dans cette propo-
» ſition, lui prouvoit la force
» de mon amour, & la portoit
» à me recompenſer. Mais elle
» a voulu ſçavoir quels motifs
» m'engageoient à fruſtrer mes
» héritiers, en donnant une
» partie de mes biens à ſa fille ;
» elle me faiſoit même à ce ſu-
» jet des repréſentations. J'ai
» ſaiſi une occaſion ſi favora-
» ble de lui découvrir votre
» amour pour Eleonore, & ne
» voulant pas, m'a-t-elle dit,
» être moins généreuſe que
» moi, elle vous donne ſa fille.
» Venez, mon cher Marquis,
» on n'attend que vous pour
» un double Hymen.

Je fus quelque tems immobile

de plaiſir, reprenant mes ſens, je volai chez le Duc le remercier, & je me jettai dans une chaiſe de poſte.

J'arrive chez moi, j'embraſſe mon pere & le Baron; je cours à l'Hôtel de Madame de Mongol, je la trouve, je veux lui rendre mille actions de graces; je les interromps, parce que je vois entrer ma chere Eleonore; nous tombons dans les bras l'un de l'autre, ſans pouvoir proférer une parole.

Le Baron entre, il voit ce ſpectacle, la Comteſſe & lui en ſont attendris: aucun art, aucune expreſſion ne peuvent atteindre ces ſcénes muettes.

Enfin les cérémonies s'accompliſſent; l'Amour allume deux flambeaux: puiſſent-ils brûler autant que je vivrai! puis-je mieux achever la peinture du bonheur que par un déſir ? Et l'envoi de l'Epitre ſuivante, qui dépeint ſi bien ma chere Eleonore : car on peut à juſte titre l'appeller la mere des Graces.

FIN.

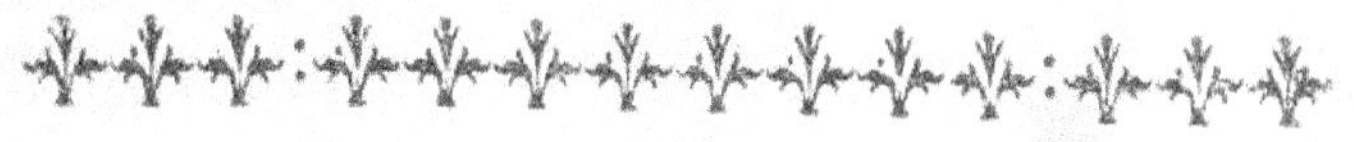

EPITRE AUX GRACES,

*Par Mr. l'Abbé de B**.*

O Vous qui parés tous les âges,
Tous les talens, tous les esprits,
Vous dont le Temple est à Paris,
Et quelquefois dans les Villages ;
Vous que les plaisirs & les ris
Suivent en secret chez les Sages,
Graces, c'est à vous que j'écris.
Fugitives ou solitaires,
La foule des esprits vulgaires
Vous cherche sans cesse, & vous fuit,
Aussi simples que les Bergeres
Le goût vous fixe & vous conduit,
Indifférentes & légeres
Vous échapés à qui vous suit.
Venés dans mon humble réduit
Vous n'y serés pas étrangeres,
Rien ne peut y blesser vos yeux,

Votre frere eſt le ſeul des Dieux
Dont vous verrés chez moi l'image :
Dans ſon Carquois brille un ſeul trait,
Et dans ſa main eſt le portrait
De celle qui fait votre ouvrage.
Venés donc, ſœurs du tendre amour,
Eclairer ma retraite obſcure,
Venés enſemble, ou tour à tour,
Et du pinceau de la nature
Achevés l'heureuſe peinture,
Que je vous conſacre en ce jour.
Vos bienfaits, charmantes Déeſſes,
Sont prodigués dès le berceau,
Et juſqu'au bord du tombeau
Vous nous conſervés vos richeſſes ;
Vous élevés ſur vos genoux
Les enfans, ſi vifs, & ſi doux
Dont le front innocent déploye
La candeur qu'ils tiennent de vous,
Et tous les rayons de la joye.
Vous aimés à vivre avec eux
Vous vous joués dans leurs cheveux
Pour en parer la négligence,
Compagne de l'aimable enfance :
Vous préſidés à tous leurs jeux,
Et de cet âge trop heureux
Vous faites aimer l'ignorance.

L'amour, le plaiſir, la beauté.
Ces trois enfans de la jeuneſſe,
N'ont qu'un empire limité
Si vous ne les ſuivés ſans ceſſe:
L'amour à travers ſon bandeau
Voit tous les défauts qu'il nous cache,
Rien à ſes yeux n'eſt toujours beau,
Et quand de vos bras il s'arrache
Pour chercher un objet nouveau,
Vos mains rallument ſon flambeau;
Et ſerrent le nœud qui l'attache.
Rien plus facile à dégouter
Moint délicat, & plus volage,
Le plaiſir ſe laiſſe emporter.
Sur l'Aile agile du bel âge;
Il dévore ſur ſon paſſage
Tous les inſtans ſans les compter
Vous ſeules lui faites gouter
Le beſoin qu'il a d'être ſage.
Partout où brille votre image
Le gout, le force à s'arrêter,
Et ſa conſtance eſt votre ouvrage;
Sans vous que ſeroit la beauté!
C'eſt par les graces qu'elle attire,
C'eſt vous qui la faites ſourire.
Vous tempérés l'auſtérité,
Et la rigueur de ſon empire;

Sans votre charme ſi vanté
Qu'on ſent & qu'on ne peut décrire,
La froide régularité
Nuiroit à la vivacité
Des déſirs ardens qu'elle inſpire;
Le Dieu d'amour n'eſt qu'un enfant:
Il craint la fiereté de ces belles
Qui foulent d'un pied triomphant
Les fleurs qui naiſſent autour d'elles;
Par vous l'amour oſe eſpérer
De ſaiſir l'inſtant favorable,
C'eſt vous qui rendés adorable
L'objet qu'on craignoit d'adorer;
Qu'il eſt doux de trouver aimable
Ce qu'on eſt contraint d'admirer.
Les belles qui ſuivent vos traces
Nous ramenent à leurs genoux;
Junon, après mille diſgraces,
Après mille tranſports jaloux
Enchaine ſon volage époux
Avec la ceinture des Graces.
L'Air, la démarche, tous les traits,
L'eſprit, le cœur, le caractere,
Ont emprunté de vos attraits
Le talent varié de plaire.
La Nimphe qui craint un regard
Et qui pourtant en eſt émuë;

La Naïade qui par haſard
Nous laiſſe entrevoir qu'elle eſt nuë,
La Vendangeuſe qui ſourit
Au jeune Silvain qu'elle enivre,
Et lui fait ſentir que pour vivre
L'enjoûment vaut mieux que l'eſprit;
La Boudeuſe qui dans un coin
Semble fuir l'amant qu'elle appelle,
Qui plus ſenſible que cruelle
Gémit de ſentir le beſoin,
De ſe laiſſer aprocher d'elle;
La Rêveuſe dont la langueur
La rend encor plus touchante,
Qui ſe plaint d'un mal qui l'enchante,
Dont le reméde eſt dans ſon cœur:
La Coquette qui nous attire
Quand nous croyons la dédaigner,
Et qui pour ſûrement regner
Semble renoncer à l'Empire;
L'amante qui dans ſon ardeur
Céde à l'amour ſans indécence,
Et qui ſçait à chaque faveur
Faire revivre l'innocence:
La beauté dont les yeux charmans
Donne des déſirs ſans yvreſſe,
Qui ſans réfroidir ſes amans
Leur fait adorer la ſageſſe;

La finesse sans fausseté,
La sagesse sans pruderie ;
L'enjoûment sans étourderie,
Enfin la douce volupté,
Et la touchante rêverie ;
Un geste, un sourire, un regard,
Ce qui plait sans peine & sans art,
Sans excès, sans airs, sans grimaces,
Sans gêne, & comme par hasard ;
C'est l'ouvrage charmant des Graces.
Cessés donc de vous allarmer
Vous à qui la nature avare
Accorda le bienfait d'aimer,
Et refusa le don plus rare
Le don plus heureux de charmer :
De l'amour touchante victime,
O ! vous ! qu'il blesse & fuit toujours,
Les Graces offrent leurs secours
Aux cœurs malheureux qu'il oprime ;
Allés encenser les Autels
De ces charmantes immortelles,
A votre retour les mortels
Vous compteront parmi les belles ;
Et les Amans les plus cruels
Vous serviront souvent mieux
qu'elles ;
On s'accoutume à la laideur,

L'eſprit nous la rend ſupportable,
Et les Graces pour leur honneur
Placent ſouvent notre bonheur
Dans les bras d'une laide aimable ;
Vous qui comptés tous les momens
De la jeuneſſe qui s'envole,
Craignés moins la perte frivole
De ſes dangereux agrémens,
Compagnes légeres du tems ;
Les Graces ſuivent tous les âges,
Elles réparent leurs outrages,
Et ſément les fleurs du Printems
Sur l'Hyver paiſible, des ſages.
Ainſi le vieux Anacréon
Orna ſa brillante vieilleſſe
Des Graces que dans ſa jeuneſſe,
Chantoit l'amante de Phaon ;
De leurs célébres bagatelles
Le monde encor eſt occupé,
La mort n'a point envelopé
Leurs chanſonnettes immortelles,
Le ſeul eſprit, & les talens
N'éterniſent point nos merveilles,
L'oubli qui nous ſuit à pas lens
Fait périr le fruit de nos veilles ;
Rien ne dure que ce qui plaît,
L'utile doit être agréable,

L'Auteur n'eſt jamais parfait
Quand il néglige d'être aimable.
Martyrs illuſtres de Clio,
Vous dont la plume infatigable
Nous enrichit & nous accable,
Voyés de vos *in-folio*
Quel eſt le ſort inévitable :
Dans l'abîme immenſe du tems,
Tombent ces recueils importans
D'Hiſtoriens, de Politiques,
Qui tous au mépris du bon ſens
Avec les Livres Germaniques,
Se perdent dans la nuit des ans.
La mort dévore avec furie
Les grands monumens d'ici bas,
Mais le plaiſir qui ne meurt pas
Abandonne à ſa barbarie
Les Annales des Potentats,
Et tout bon Livre qui l'ennuye,
Pour ſauver & rendre à la vie
L'heureux Chantre de Ménélas,
Et le tendre amant de Lesbie.
La mort n'épargna dans Varron
Que le titre de ſçavant homme,
Mais les Graces de Ciceron
Tirent des cendres de Rome,
Et ſes ouvrages, & ſon nom.

Je ne ſçais par quelle avanture
Quelques ouvrages de Pédant
Ont pû percer la nuit obſcure
Où tombe tout Livre excellent ;
Mais je ſçais bien qu'en attendant
Que c'eſt toujours contre nature
Qu'arrive un ſemblable accident,
Les graces ſeules embelliſſent
Nos eſprits, ainſi que nos corps,
Et nos talens ſont des reſſorts
Que leurs mains légeres poliſſent.
Les Graces entourent de fleurs
Le ſage compas d'Uranie,
Donnent le charme des couleurs
Au pinceau brillant du génie,
Enſeignent la route des cœurs
A la touchante mélodie,
Et prêtent des charmes aux pleurs,
Que fait verſer la Tragédie.
Malheur à tout eſprit groſſier,
A l'ame de roche & d'acier,
Qui les mépriſe, & les ignore,
Le cœur qui les ſent les adore,
Et peut ſeul les aprécier:
Mais vous! Filles de la nature
Qui futes l'amour des mortels,
Ne ſouffrés pas qu'on défigure

Vos images ſur vos Autels,
Paroiſſés aux yeux des impies
Qui ſans craindre votre couroux,
Nous offrent de froides copies
Qu'ils nous font adorer pour vous;
Venés diſſiper l'impoſture,
Oſés vous montrer au grand jour,
Nous aprendrons votre retour
Et par le cri de la nature,
Et par les tranſports de l'amour.

ENVOY

DE L'EPITRE AUX GRACES, de Mr. L. D. B. à Made. D. M. Par M. L. C. de S. P.

CLIMÉNE si l'aimable Auteur,
Qui dans cette Epitre charmante
Peint d'une façon si touchante
Des Graces l'attrait séducteur ;
Eût connu comme moi tes charmes,
Son culte auroit changé d'objet :
Que dis-je, en te rendant les armes
Des Graces il eût vû l'effet :
Il eût vû leur plus bel Ouvrage,
Et plein d'une nouvelle ardeur
A son Epitre, pour hommage,
Climéne, il auroit joint son cœur.

www.ingramcontent.com/pod-product-compliance
Ingram Content Group UK Ltd.
Pitfield, Milton Keynes, MK11 3LW, UK
UKHW022056260726
13993UKWH00001B/144

9 782329 254074